# VEGETARISCHE TAJINES & COUSCOUS

HÄDECKE

Ghillie Başan

# VEGETARISCHE TAJINES & COUSCOUS

65 köstliche Rezepte aus der marokkanischen Küche

Die Originalausgabe erschien in Großbritannien unter dem Titel „Vegetarian Tagines & Couscous“.

4. Auflage 2022
**www.hädecke.de**

DESIGN, STYLING UND FOTOS: Steve Painter
ART DIRECTOR: Leslie Harrington
FOOD-STYLING: Lucy McKelvie
ASSISTENZ FOOD-STYLING: Ellie Jarvis
ÜBERSETZUNG AUS DEM ENGLISCHEN: Birgit van der Avoort, Havixbeck.
LEKTORAT DER DEUTSCHEN AUSGABE: Monika Graff
REDAKTION DER DEUTSCHEN AUSGABE: nvsg
SATZ DER DEUTSCHEN AUSGABE: Erich Schuhmacher, Magstadt
UMSCHLAG UND TYPOGRAFIE: Julia Graff, Hädecke Verlag unter Verwendung der Brandon Grotesque, Brandon Printed (beide HvD Fonts) und Chaparall Pro.



ISBN 978-3-7750-0673-6 · Printed in China 2022

**Abkürzungen und Hinweise**

**EL** = Esslöffel
**TL** = Teelöffel
**geh.** = gehäuft
**ml** = Milliliter (1/1000 l)
**g** = Gramm
**cm** = Zentimeter
**ca.** = circa
**Std.** = Stunde/n
**Min.** = Minute/n
**°C** = Grad Celsius
**TK** = Tiefkühlprodukte

- Alle Löffelangaben in den Zutaten (EL = Esslöffel, TL = Teelöffel) beziehen sich auf das gestrichene Maß, falls nicht anders angegeben.
- Die in den Zutaten verwendeten Eier entsprechen der Handelsgröße M, falls nicht anders angegeben. Schwangere oder gefährdete Personen sollten rohe oder nur kurz gegarte Eier meiden. Immer nur ganz frische Eier verwenden.
- Bei Früchten und Gemüse wird meist eine mittlere Größe verwendet, falls nicht anders angegeben.
- Chilischoten und Kräuter sind immer frisch, falls nicht anders vermerkt.
- Wird im Rezept die abgeriebene Schale einer Zitrusfrucht verwendet, möglichst unbehandelte Bio-Früchte kaufen und vor der Verwendung gründlich heiß waschen. Falls nur gewachste Früchte erhältlich sind, diese in warmem Seifenwasser fest abreiben und danach mit klarem Wasser abbrausen.
- Die in den Rezepten angegebenen Temperaturen beziehen sich auf übliche Elektro-Backöfen. Den Backofen immer auf die angegebene Temperatur vorheizen. Ein Ofen-Thermometer ist empfehlenswert. Bei der Nutzung von Umluft- oder Gasbacköfen sind die Herstellerangaben der Geräte zu beachten.
- Sterilisieren von Einmachgläsern: Die Gläser zuerst in heißem Seifenwasser gründlich abwaschen, dann mit kochendem Wasser ausspülen. In einen großen Topf legen und mit heißem Wasser bedecken. Den Deckel auflegen, das Wasser aufkochen und 15 Min. kochen lassen. Die Hitzezufuhr abstellen und die Gläser im heißen Wasser liegen lassen. Kurz vor der weiteren Verwendung die Gläser umgedreht auf ein sauberes Küchentuch stellen und trocknen lassen. Die Deckel 5 Min. sterilisieren, dabei wie bei den Gläsern verfahren oder die Herstellerangaben beachten. Die Gläser füllen und verschließen, solange sie noch heiß sind.

# INHALT

# Kulinarisches Erbe

Marokko ist eines der drei Länder, die auch als Maghreb-Staaten (Marokko, Tunesien und Algerien) bezeichnet werden. Im nordwestlichen Zipfel Afrikas gelegen, ist das Land kulinarisches Eingangstor für Einflüsse aus Zentral- und Nordafrika, für überlieferte und mittelalterliche Traditionen der arabischen Welt im Osten und für die andalusischen Aromen Südspaniens jenseits des Mittelmeers.
Durch seine geografische Vielfalt bietet Marokko ein wenig von allem – Wüste, Gebirge, fruchtbare Ebenen im Landesinneren und an der Küste sowie einen traumhaften Küstenstreifen, der sich entlang des Mittelmeers und des Atlantiks zieht. Trotz der Lage des Landes sind hier alle vier Jahreszeiten erlebbar. So fällt genug Niederschlag, um Getreide, Mais, Gemüse, Kräuter und Früchte in großer Fülle wachsen zu lassen.
Als Urbevölkerung Marokkos gelten die Berber, in deren kulinarischen Traditionen die Einflüsse frühgeschichtlicher Händler, Eroberer und Kolonialmächte zusammenfließen, darunter die Phönizier, die Handelsposten entlang der Küste errichteten, die Karthager im 5. Jahrhundert v. Chr., die Römer, die Marokko unter Kaiser Claudius zur römischen Provinz erklärten, und die Byzantiner, die nach der Teilung des Römischen Reichs im Land waren.
Die Eroberung des Mittleren Ostens und Nordafrikas durch die Araber im 7. Jahrhundert hatte große Auswirkungen auf die kulturelle und kulinarische Identität der Region, da der Großteil der Einwohner zum Islam konvertierte, die arabische Sprache sich festigte und religiöse Bestimmungen fortan das Leben der Menschen prägten.
Die Araber brachten Gewürze des Ostens: Ingwer, Safran, Kümmel und Kreuzkümmel; Aromen, die rasch Eingang in die traditionelle Küche fanden. Sie führten durch die Verwendung von Honig und Früchten die Kombination von Süß und Sauer in der Küche ein. Diese hatten sie wiederum von den Persern übernommen. Es ist dieser Geschmack, der marokkanischen Tajines ihr unverwechselbares Aroma verleiht. Durch aus Spanien vertriebene Mauren kamen Oliven, Olivenöl, Tomaten und Paprika ins Land. Die Juden, die vor der spanischen Inquisition flohen, bereicherten mit ihren hervorragenden Einmachmethoden die Küche Marokkos, was sich heute noch an den überall anzutreffenden eingelegten Zitronen zeigt. Die Osmanen hinterließen als Erbe feine Backwaren und Kebabs. Die Kolonialzeit der Spanier und Franzosen beeinflusste mit Suppen und raffinierten Fischgerichten nachhaltig die marokkanische Küche. Die ausgeprägte Café-Kultur, der Weinanbau und die Sprache sind ebenfalls ein Vermächtnis dieser Epoche. Auch heute noch sind viele Gerichte in Marokko unter ihrem französischen Namen bekannt.

# Marokkanische Märkte

Die Souks und alten Medinas bilden das Herz der kulinarischen Tradition Marokkos. Magisch und verführerisch, erfüllt mit atemberaubenden Aromen und farbenprächtigen Auslagen, herrscht in ihren engen Gassen geschäftiges Treiben. Es wird gefeilscht, Mahlzeiten werden vorbereitet und wohlschmeckende kleine Gerichte serviert. Alle Zutaten für opulente Mahlzeiten gibt es auf den Straßenmärkten zu kaufen: getrocknete Aprikosen, Datteln, Pflaumen und Feigen; geröstete Pistazien, Mandeln und Walnüsse; große Bündel mit frischer glattblättriger Petersilie, mit Minze und Koriander; Körbe voller Gewürze und getrockneter Kräuter; destilliertes Rosenblüten- und Orangenblütenwasser; große Säcke mit Mehl, Getreide und Couscous; Ton-Tajines mit kuppelförmigen oder konischen Deckeln sowie große Kupferpfannen für opulente Feste.

Hier findet man frisches Gemüse der Saison – Lauch und Karotten, deren Größe uns überrascht; Auberginen, die an riesige Boxhandschuhe erinnern; saftige Tomaten mit dem Glanz von Christbaumkugeln; kugelrunde Artischocken auf Stielen, die aussehen wie überdimensionierte Disteln in der Vase; und Zwiebeln, Yamswurzeln, Kürbisse und Süßkartoffeln in allen Formen und Größen. Daneben gibt es winzige Stände, an denen bunte Gläser mit eingelegtem und eingemachtem Gemüse vom Boden bis zur Decke gestapelt sind; Olivenverkäufer bieten in Schüsseln, Gläsern, Holzfässern und Tontöpfen jede erdenkliche Olivensorte an – gesalzen oder eingelegt, gefüllt oder mit Kräutern und Gewürzen mariniert. Nebenan stehen Fässer und Flaschen mit kalt gepresstem Olivenöl, Kürbiskern- und Sonnenblumenöl und dem kostbaren Arganöl, das in Küche und Kosmetik verwendet wird. Auf Reisen in den Süden Marokkos überrascht der Anblick der Ziegen, die wendig an den dornigen Ästen des stämmigen Arganbaums emporklettern und die grünen Früchte fressen. Geduldig warten die Hirten, um die herabfallenden Nüsse aufzusammeln. Die Frauen im Dorf trocknen und vermahlen die Kerne, aus denen dann das köstliche nussige Öl gewonnen wird.

SUCRE GRANULE

# Traditionelle Tajines

Die Tajine ist ein vielfach gepriesener, langsam garender Eintopf, sehr aromatisch und mit vollem Geschmack. Allerdings benötigen die meisten vegetarischen Tajines keine langen Garzeiten. Das Wort *Tajine* bezeichnet aber auch das Gefäß, in dem das Gericht gegart wird.
Die Tajine steht auf einem Holzkohlenofen, der die Hitze gleichmäßig verteilt, sodass die Zutaten sanft im Dampf garen, der sich im Deckel bildet und dann als Wassertröpfchen wieder zurück auf das Gargut fällt. So bleibt alles zart und saftig. Traditionell wird eine Taijne als eigener Gang serviert. Dazu reicht man Brot, das in die Sauce gedipt wird. Heute wird die Tajine häufig auch mit Couscous serviert. Bei großen Festen wird der Couscous pyramidenförmig angerichtet, oben drückt man eine Mulde hinein, in die dann die Tajine gelöffelt wird. Allerdings sind die meisten traditionellen Tajinetöpfe nicht für große Mengen geeignet, sodass bei Festen und Feiern riesige Kupfertöpfe zum Einsatz kommen.
Wer sich eine Tajine zulegen möchte, ist gut bedient mit einer Naturtajine aus Ton, die aber auf jeden Fall eingekocht werden muss. Lackierte Tajines können giftige Komponenten aufweisen. Die feuerfesten Tajines, die es inzwischen bei uns in spezialisierten Haushaltswarengeschäften gibt, sind auch für den Gebrauch auf dem Herd verwendbar.

# Lockerer Couscous

Couscous ist die Nationalspeise Marokkos. Er spielt in der Kultur des Landes eine übergeordnete Rolle sowohl in Bezug auf Ernährung, Religion als auch Symbolik, denn Marokkaner glauben, dass diejenigen, die ihn essen, auf Gottes Segen hoffen dürfen. Daher wird Couscous in jedem Haushalt an muslimischen Feiertagen zubereitet sowie am Freitag, dem islamischen Ruhetag, an dem er gemäß Tradition an die Armen verteilt wird. Es gibt ein marokkanisches Sprichwort, das lautet: „Jedes Couscous-Korn steht für eine gute Tat", und so überrascht es kaum, dass jeden Tag Tausende von Körnern verspeist werden.
Das Wort *Couscous* meint die Körner und auch das fertige Gericht, das traditionell in einer Couscousière zubereitet wird. Diese besteht aus einem unteren Topf, auf den ein Dampfeinsatz mit Löchern für den Couscous kommt, in den ein Tuch gelegt wird, damit die feinen Kügelchen nicht durchfallen. Die Zubereitung dauert mehrere Stunden. Auch wenn man bei Couscous oft von Getreide spricht, so handelt es sich streng genommen um marokkanische Teigwaren, denn Couscous wird meist aus Getreidegrieß (meist Hartweizen) hergestellt, der mit etwas Mehl und Salzwasser vermischt mit den Fingerspitzen zu verschiedenen Größen geformt wird.
Außerhalb Marokkos wird Couscous meist abgepackt in vorgekochter Form oder als Instant-Couscous angeboten. Letzterer braucht nur noch in heißem Wasser zu quellen, bevor er mit den Fingern und etwas Öl aufgelockert wird. Die Zubereitung von Couscous ist in der marokkanischen Küche eine wichtige Angelegenheit, zeigt sich hier doch das Können des Kochs bzw. der Köchin. Ein luftig-lockerer Couscous kann einem Mann schon mal ein Eheversprechen entlocken …

# GRUNDREZEPTE

## HARISSA

*Diese ursprünglich aus Tunesien stammende köstlich-feurige Paste ist ein Genuss und darf in keiner Küche des Maghreb fehlen. Es lohnt sich, eine kleine Menge zuzubereiten (sie hält ziemlich lange) und im Kühlschrank aufzubewahren, denn Harissa passt zu vielen Gerichten. Es kann für Tajines oder Couscous verwendet werden, dient als Würze zu fast allen Gerichten und lässt sich wunderbar unter Saucen und Marinaden rühren. Mit Öl oder Joghurt vermischt, wird daraus ein leckerer Dip zu knusprigem Brot. Für Harissa werden Gewürze, frischer Koriander und im Wasser eingeweichte oder in Öl eingelegte Chilischoten zerstoßen. Es gibt vielen marokkanischen Gerichten ihre unverwechselbare Note. Gläser mit Harissa werden in nordafrikanischen oder asiatischen Lebensmittelläden, aber auch in großen Supermärkten oder Feinkostläden angeboten. Sie können aber auch Ihr eigenes Harissa herstellen. Versuchen Sie einmal eine Variante mit Fenchel- oder Kümmelsamen, mit frischer oder getrockneter Minze, mit frisch gemahlenem schwarzem Pfeffer oder mit gerösteten Chilischoten statt getrockneten.*

12 getrocknete rote **Chilischoten** (z. B. Horn oder New Mexico), entkernt
1 TL **Kreuzkümmelsamen**
2 TL **Koriandersamen**
1 TL **Meersalz**
3–4 **Knoblauchzehen,** geschält und grob gehackt
1 kleines Bund **Koriander,** fein gehackt
4 EL **Olivenöl**

1 kleines sterilisiertes Glas (s. S. 4)

**FÜR 1 KLEINES GLAS**

1 Chilischoten in einer Schüssel mit warmem Wasser übergießen, sodass sie gerade bedeckt sind. Anschließend 2–3 Std. einweichen, dann gut abtropfen lassen und überschüssiges Wasser herausdrücken.
2 Kreuzkümmel- und Koriandersamen mit dem Salz im Mörser grob zerstoßen. Knoblauch dazugeben und alles zu einer sämigen Masse verarbeiten. Nun die Chilischoten hinzufügen, zu einer dicken Paste zerstoßen und Koriander unterrühren. Etwas Olivenöl zurückhalten, das restliche Öl glatt mit der Paste verrühren.
3 Paste in ein sterilisiertes Glas füllen und mit dem restlichen Olivenöl übergießen, sodass sich eine dünne Schicht auf dem Harissa bildet. Die Paste hält sich etwa einen Monat im Kühlschrank.

# CHERMOULA

*Meist wird die Chermoula mit frischem Koriander, Zitrone und Chilischoten zubereitet und gibt Marinaden, Grillgerichten und vegetarischen Tajines ihren typischen scharfen Zitrusgeschmack. Im Gegensatz zum intensiv-feurigen Harissa ist die Chermoula leicht und zitronig mit feiner Chilinote. Sie sollte am Tag der Zubereitung verwendet werden.*

2–3 **Knoblauchzehen,** geschält
1 rote **Chilischote,** Samen und Scheidewände entfernt
1–2 TL **Kreuzkümmelsamen**
1 TL **Meersalz**
1 großes Bund **Koriander,** Blätter fein gehackt, oder je ½ Bund **Koriander** und glattblättrige **Petersilie**
1 Prise **Safranfäden,** in Wasser eingeweicht
1 **Zitrone,** Saft
3–4 EL **Olivenöl**
**schwarzer Pfeffer,** frisch gemahlen, nach Geschmack

**FÜR 1 KLEINE SCHÜSSEL**

1 Knoblauch und Chili grob hacken, mit Kreuzkümmelsamen und Salz im Mörser zu einer groben Paste verarbeiten. Gehackten Koriander dazugeben und alles zu einer möglichst feinen Creme zerstoßen. Safran mit Einweichwasser, Zitronensaft und Olivenöl einrühren. Nach Geschmack mit frisch gemahlenem Pfeffer abschmecken.

# RAS EL-HANOUT

*Diese traditionelle Gewürzmischung hat eine wunderbare Schärfe und Präsenz, die sich als Poesie in Pulverform umschreiben lässt. Vollmundig im Geschmack, vereint Ras el-Hanout Jahrhunderte von Handel, Kriegen, unterschiedlichen Kulturen und geografischer Ausdehnung der marokkanischen Küche in einer Synthese aus scharfen, aromatischen und wärmenden Gewürzen. Es lebt von starken indischen Aromen wie Kardamom, Nelke, Ingwer, Langpfeffer, Galgant und Muskatblüte; Zimt aus Sri Lanka; Gewürznelken aus Sansibar; afrikanischen Wurzeln und Pflanzen wie Paradieskörnern (Meleguetapfeffer) vom Golf von Guinea; Schwertlilienwurzel aus dem Atlasgebirge und der feinen Duftnote von Rosenknospen, Belladonna-Beeren, Fenchelblüten und Lavendel aus Marokko und Europa. Jedes Ras el-Hanout ist so einzigartig wie die Hand, die es zusammenstellt, da jeder Gewürzhändler sein eigenes Rezept besitzt. Übersetzt aus dem Arabischen als „Kopf des Geschäfts", ist Ras el-Hanout eine großartige Komposition aus 30–40 verschiedenen Gewürzen. Außerhalb marokkanischer Souks ist es schwierig, echtes Ras el-Hanout zu bekommen.*
*Auch Sie können Ihre eigene Variante zubereiten, indem Sie sich grob an unseren Vorschlag halten. Alternativ gibt es fertiges Ras el-Hanout in Feinkostläden, im Gewürzhandel oder in nordafrikanischen Lebensmittelläden zu kaufen.*

1 TL schwarze **Pfefferkörner**
1 TL **Gewürznelken**
1 TL **Anissamen**
1 TL **Schwarzkümmelsamen**
1 TL **Pimentkörner**
1 TL **Kardamomsamen**
2 TL **Ingwerpulver**
2 TL **Kurkumapulver**
2 TL **Koriandersamen**
2 **Muskatblüten**
2 Stücke **Zimtrinde**
2 TL getrocknete **Minze**
1 getrocknete rote **Chilischote**
1 TL getrockneter **Lavendel**
6 getrocknete **Rosenknospen,** zerpflückt

**FÜR 4–5 ESSLÖFFEL**

1 Im Mörser oder Standmixer aus allen Gewürzen ein grobes Pulver herstellen.
2 Zum Schluss den getrockneten Lavendel und die Rosenblätter unterrühren und die Mischung in ein luftdicht verschließbares Gefäß füllen. Die Gewürzmischung hält sich etwa sechs Monate an einem dunklen Ort.

# SMEN

*Smen ist gereifte Butter, die aus Milch von Schafen oder Ziegen – oder beidem – hergestellt wurde. Oft mit Kräutern und Gewürzen aromatisiert und in Tontöpfen aufbewahrt, kann es an einem dunklen, kühlen Ort Monate, wenn nicht sogar Jahre gelagert werden. Es ist das bevorzugte Brat- und Kochfett vieler Berber, die sich diese scharfe Butter auch gern aufs Brot schmieren. Smen ist wesentliche Zutat für viele traditionelle Tajines, vor allem für stark gewürzte Tajines. Es kann durch Ghee (geklärte Butter, meist aus Indien) ersetzt werden, das nicht so scharf ist.*

500 g **Butter,** Zimmertemperatur
1 EL **Meersalz**
1 EL getrockneter **Oregano,**
mit den Fingern zerrieben
150 ml **Wasser**

1 sterilisiertes **Glas** (s. S. 4)

**FÜR 500 GRAMM**

1 Butter in einer Schüssel cremig rühren. Salz und Oregano mit Wasser in einem Topf kurz aufkochen. Über die Butter gießen und mit einem Holzlöffel kräftig verrühren, sodass sich die Zutaten gut verbinden. Abkühlen lassen.
2 Butter mit den Händen kräftig durchkneten, damit sie eine homogene Masse ergibt, dabei überschüssiges Wasser herausdrücken. Gut abtropfen lassen und die Butter in das vorbereitete Glas füllen. Mit Deckel fest verschließen und an einem kühlen, trockenen Ort mindestens sechs Wochen durchziehen lassen. Dann erst verwenden und im Kühlschrank aufbewahren.

# EINGELEGTE ZITRONEN

*Kleine Zitronen mit dünner Schale aus dem Maghreb werden in Salz und Zitronensaft eingelegt, um ihr markantes Zitrusaroma in Gerichten zu entfalten. Meist wird nur die Schale verwendet, da das Zitrusfleisch zu salzig ist. Ihre säuerliche Frische ist einzigartig und wesentlich für die Zubereitung vieler traditioneller Gerichte.*

10 kleine, unbehandelte **Bio-Zitronen**
3–4 **Zitronen,** Saft
ca. 10 EL **Meersalz**

1 großes sterilisiertes **Glas** (s. S. 4)

**FÜR 1 GROSSES GLAS**

1 Zitronen unter fließendem Wasser gut abbürsten und in eine feuerfeste Schüssel legen. Dann mit kochendem Wasser übergießen, bis die Früchte davon bedeckt sind, und drei Tage darin einweichen.Den Boden jeder Zitrone abschneiden. Zitronen jeweils auf die flache Seite stellen und von oben kreuzweise zu etwa zwei Dritteln einschneiden. Jeweils ca. 1 EL Salz in die Einschnitte geben, Früchte in das vorbereitete Glas setzen.
2 Zitronen kräftig nach unten drücken, damit sie möglichst eng nebeneinander im Glas liegen. Zitronensaft darübergießen, bis sie komplett bedeckt sind. Fest verschließen und mindestens einen Monat ruhen lassen.
Nach dem Öffnen im Kühlschrank aufbewahren (hält sich bis zu sechs Monate).
3 Eingelegte Zitronen vor der weiteren Verwendung gründlich abspülen. Mit einem kleinen scharfen Messer die Zitronen der Länge nach in Viertel schneiden und das Fruchtfleisch entfernen, sodass nur noch die Schale übrig bleibt. Diese je nach Rezept entsprechend fein hacken.

# MINZTEE

*Das Nationalgetränk der Marokkaner! Minztee ist der Lieblingstee zu allen Gelegenheiten: morgens zum Frühstück, tagsüber während der Arbeit, bei geschäftlichen Treffen als Zeichen der Gastfreundschaft, für Feste oder am Ende eines Tages zur Verdauung nach dem Essen. Die Mischung aus chinesischem grünem Gunpowder-Tee und frischen Minzeblättern, gesüßt mit mindestens vier Zuckerwürfeln pro Glas, ist gleichzeitig belebend und reinigend und die Zubereitung des Minztees kann zu einem ausgefeilten Zeremoniell werden. Traditionell wird der Tee in einer Teekanne aus Feinsilber aufgebrüht, dann wird er gleichmäßig mit einigem Abstand in kleine Teegläser gegossen, sodass sich auf der Oberfläche feiner Schaum bildet. Formvollendet wird der Minztee mit frischen Orangenblüten oder Jasminblüten serviert, die im Glas schwimmen.*

2 EL chinesischer grüner **Gunpowder-Tee** (anderer Grüntee ist nicht geeignet)
**Zucker,** Menge nach Geschmack
1 großes Bund **Pfefferminze** oder andere frische **Minze,** ganze Blätter

**FÜR 1 KANNE**

1 Grüntee mit wenig Zucker in eine Teekanne geben und mit etwas kochendem Wasser übergießen. Kanne warm halten und den Tee 5 Min. ziehen lassen. Dann die Pfefferminzblätter dazugeben und nach Belieben Zucker hinzufügen. Teekanne mit kochendem Wasser auffüllen, Deckel auflegen und den Tee weitere 5–10 Min. ziehen lassen.

2 Etwas Tee in ein Teeglas gießen, um zu prüfen, ob er gut durchgezogen ist. Den Tee zurück in die Kanne geben. Beim Einschenken die Kanne etwas höher halten, dann wieder tiefer halten, bis sich kleine Bläschen auf der Oberfläche des Tees bilden. Sofort servieren und nach Geschmack noch frische Minzstängel ins Glas geben.

# VORSPEISEN & SUPPEN

# TROCKENFRÜCHTE UND NÜSSE MIT LIMETTE UND KORIANDER

*In marokkanischen Souks gehören Säcke und Kisten mit getrockneten Nüssen und Früchten zum täglichen Bild, denn sie sind Zutaten für eine Vielzahl von Gerichten.*

150 g ganze **Mandeln**
2 EL **Ghee** oder **Smen** (s. S. 16); alternativ
1 EL **Olivenöl** mit 1 EL **Butter**
2 EL **Pinienkerne**, 2 EL **Erdnüsse,** natur
120 g getrocknete **Aprikosen** ohne Stein, halbiert
120 g getrocknete **Datteln** ohne Stein, halbiert
1–2 TL getrocknete rote **Chilischoten,** fein gehackt
1 unbehandelte **Bio-Limette,** Schalenabrieb
1 kleines Bund **Koriander,** Blätter fein gehackt
**Meersalz**

**FÜR 4–6 PORTIONEN**

1 Mandeln in einer Schüssel mit kochendem Wasser übergießen, bis sie bedeckt sind. 5–10 Min. einweichen, abtropfen lassen und unter kaltem Wasser abspülen. Haut der Mandeln abziehen, Mandeln halbieren und gut trocknen lassen.
2 Ghee in einer Bratpfanne erhitzen, Nüsse 1–2 Min. darin rösten. Aprikosen und Datteln dazugeben und umrühren, bis die Nüsse leicht Farbe annehmen. Chili und Limettenschale hinzufügen, weitere 1–2 Min. rösten. Koriander zum Schluss untermischen.
3 Mischung auf Küchenpapier abtropfen lassen, mit Salz würzen und noch warm servieren.
4 Auch andere Nüsse wie Macadamia-, Cashew- und Haselnüsse eignen sich gut.

# GRÜNE OLIVEN MIT KARDAMOM UND HARISSA

*Marokkaner lieben Oliven. In jedem Souk findet man Olivenstände mit großen Behältern, die mit Oliven in allen Größen und in Farbschattierungen von Grün über Violett und Braun bis zu Schwarz gefüllt sind. Einige sind zum sofort Essen, andere zum Kochen. Ganz viele sind eingelegt in Marinaden mit Ölen, Gewürzen, Knoblauch und Kräutern. Diese perfekte kleine Vorspeise zaubert den Geschmack Marokkos in eine Schale.*

1 TL **Kreuzkümmelsamen**
1 TL **Koriandersamen**
1–2 TL **Kardamomsamen**
4–6 schwarze **Pfefferkörner**
2–3 EL **Olivenöl**
½ **Zitrone,** Saft
1–2 TL **Harissa** (s. S. 12)
350 g entsteinte grüne **Oliven** in Lake, abgespült und abgetropft

**FÜR 4–6 PORTIONEN**

1 Kümmel-, Koriander- und Kardamomsamen mit schwarzen Pfefferkörnern in einer Pfanne rösten, bis sie leicht nussig duften. Geröstete Gewürze im Mörser zu einem groben Pulver verarbeiten. Olivenöl und Zitronensaft einrühren und Harissa dazugeben.
2 Die Oliven in ein Schälchen füllen und die Gewürzmischung darüberverteilen. Gründlich mischen und vor dem Servieren mindestens 30 Min. durchziehen lassen.
3 Die Oliven halten sich drei bis vier Wochen in einem luftdicht verschließbaren Gefäß im Kühlschrank.

# ROHKOST MIT CHILI-DUKKAH-DIP

***Dukkah stammt ursprünglich aus Ägypten und ist eine Mischung aus grob gehackten oder gemahlenen Nüssen, Samen und Gewürzen. Sie wird in Teilen des Mittleren Ostens und Nordafrikas häufig als Dip zu Fladenbrot, frischem Gemüse oder gegrillten Meeresfrüchten gereicht oder großzügig über Grillfleisch verteilt. Das Rezept variiert von Region zu Region und kann drei bis vier Wochen in einem luftdicht verschließbaren Gefäß aufbewahrt werden. Servieren Sie den Dip als Snack zu einem Glas Wein oder als Vorspeise.***

2 TL **Kreuzkümmelsamen**
2 TL **Koriandersamen**
2 EL **Haselnüsse**
2 EL **Sonnenblumenkerne**
1 EL **Sesamsamen**
1 TL **Meersalz**
2 TL milde **Chiliflocken**
4–5 EL **Olivenöl**
2 **Knoblauchzehen,** geschält und zerstoßen
1 **Zitrone,** Saft
2 TL flüssiger **Honig**
**Meersalz** und schwarzer **Pfeffer,** frisch gemahlen
2 **Karotten,** geschält, längs in Streifen geschnitten
1 **Gemüsepaprika,** in beliebiger Farbe, Samen entfernt, längs in Streifen geschnitten
4–6 Stängel **Staudensellerie,** je nach Dicke längs halbiert

**FÜR 4–6 PORTIONEN**

1 In einer kleinen Pfanne Kreuzkümmel und Koriander ohne Fett rösten, bis sie duften. Auf einen Teller geben und beiseitestellen. Haselnüsse in die Pfanne geben und ebenfalls rösten, bis sie leicht gebräunt sind und angenehm duften. Zu den Gewürzen auf den Teller geben. Nun Sonnenblumenkerne und Sesam duftig rösten, ebenfalls auf den Teller geben und mit Salz würzen. Tellerinhalt im Mörser zu einer groben Paste verarbeiten.

2 Chiliflocken in derselben Pfanne ohne Fett rösten, bis sie Farbe annehmen. Olivenöl zugießen und Knoblauch einrühren, bis er anfängt zu bräunen. Das aromatisierte Öl über die Gewürz-Nuss-Paste gießen und gut verrühren. Zitronensaft und Honig unterrühren, mit Salz und Pfeffer würzen.

3 Den Dip in eine kleine Schüssel füllen und das Gemüse dazu anrichten.

# FRITTIERTE KOCHBANANEN MIT ZAHTAR

*In Nord- und Zentralafrika werden Bananen selten roh gegessen. Sie werden meist wie Gemüse in Suppen und Eintöpfen gekocht, auch gegrillt oder frittiert und herzhaft oder süß serviert. Zahtar ist im Mittleren Osten und Nordafrika eine beliebte Gewürzmischung, die zu fast allen Gerichten passt.*

2 lange reife **Kochbananen**
**Öl** zum Frittieren
1–2 EL **Zahtar***
**Meersalz**

**FÜR 4–6 PORTIONEN**

1 Zum Schälen der Kochbananen zunächst die Enden abschneiden, die Schale der Länge nach aufschlitzen und in Streifen abziehen.
2 Ausreichend Öl in einem hohen Topf erhitzen. Die Kochbananen in feine Scheiben schneiden und portionsweise im heißen Öl goldbraun frittieren. Auf Küchenpapier abtropfen lassen, in eine Schüssel geben und großzügig mit Zahtar und Meersalz bestreuen.
3 Die warmen Kochbananen sofort servieren.

** afrikanische Gewürzmischung u. a. aus Sesam, Thymian, Ysop, Gewürzsumach (Färber-/Essigbaum); im Gewürzfachhandel oder in nordafrikanischen Lebensmittelläden erhältlich*

# BLÄTTERTEIGRÖLLCHEN MIT FETA-OLIVEN-ZITRONEN-FÜLLUNG

***Frittiertes und gebackenes Blätterteiggebäck ist als Streetfood und Vorspeise sehr beliebt. Es ist einfach herzustellen und die Röllchen lassen sich gut im Voraus zubereiten. Sie müssen dann vor dem Servieren nur noch kurz gebacken oder frittiert werden. Werden sie als Vorspeise serviert, kommen häufig noch Salate, Dips und eingelegtes Gemüse auf den Tisch.***

200 g **Feta** in Lake, abgespült und trocken getupft
2 EL schwarze **Oliven** ohne Stein, fein gehackt
1 eingelegte **Zitrone** (s. S. 16), abgespült und fein gehackt
1 EL getrocknete **Minze**
1 kleines Bund glattblättrige **Petersilie,** fein gehackt
1 **Ei**
6 Blätter **Filoteig** (falls TK: aufgetaut)
**Öl** zum Frittieren
geräuchertes **Paprikapulver** (z. B. Pimentón de la Vera) zum Bestäuben
**Meersalz** und schwarzer **Pfeffer,** frisch gemahlen

**FÜR 4–6 PORTIONEN**

1 Fetakäse zerkrümeln und in einer Schüssel mit Oliven, eingelegter Zitrone, Minze und Petersilie mischen. Mit Salz und Pfeffer würzen – bei salzigem Feta das Salz weglassen. Die Zutaten in der Schüssel gut mit dem Ei vermengen.

2 Filoteigblätter auf einer Arbeitsfläche flach auslegen, in 8–10 cm breite und 25–30 cm lange Streifen schneiden. Mit einem feuchten Küchentuch abdecken, damit sie nicht austrocknen. Einen Teigstreifen auf die Arbeitsfläche legen. Einen Löffel der Feta-Mischung vor das Ende einer kurzen Seite geben. Das Ende über die Mischung klappen und beide Seiten nach innen falten, damit die Füllung nicht herauslaufen kann. Teigblatt fest aufrollen und unter ein feuchtes Tuch legen. Mit dem restlichen Teig ebenso verfahren.

3 Ausreichend Öl zum Frittieren in einen hohen Topf gießen und stark erhitzen. Sobald das Öl heiß ist, Röllchen bei mittlerer Hitze portionsweise goldbraun frittieren. Auf Küchenpapier abtropfen lassen, mit Paprikapulver bestäuben und sofort servieren.

# GERÖSTETER KAROTTEN-DIP MIT KRÄUTERN

***Dieses einfache ländliche Gericht wird warm als köstliche Vorspeise zu frischem Landbrot oder geröstetem Fladenbrot serviert. Wird der Dip als Imbiss gereicht, dürfen grob zerkrümelter Schafskäse, eingelegtes Gemüse, Früchte oder Chilischoten nicht fehlen.***

500 g **Karotten,** geschält und in dicke Scheiben geschnitten
100 ml **Oliven-** oder **Arganöl**
2 **Knoblauchzehen,** geschält und zerstoßen
2 TL **Kreuzkümmelsamen**
1 **Zitrone,** Saft
1 kleines Bund glattblättrige **Petersilie,** fein gehackt
1 kleines Bund **Dill,** frisch gehackt
1 kleines Bund **Minze,** Blätter fein gehackt
**Meersalz** und schwarzer **Pfeffer,** frisch gemahlen

**FÜR 4 PORTIONEN**

1 Backofen auf 200 °C vorheizen.
2 Karotten in einer Auflaufform verteilen und mit Öl übergießen. Im vorgeheizten Backofen 20 Minuten schmoren. Knoblauch und angequetschte Kreuzkümmelsamen dazugeben. Alles gründlich mischen und für weitere 15 Minuten zurück in den Backofen stellen. Dann sind die Karotten zart, aber noch nicht weich.
3 Inhalt der Form in eine Schüssel füllen und mit dem Kartoffelstampfer zu einer groben Masse verarbeiten. Zitronensaft und fast alle Kräuter untermischen (etwas für die Garnitur beiseitelegen). Mit Salz und Pfeffer würzen. Dip in eine Servierschüssel umfüllen.
4 Mit den restlichen Kräutern bestreuen und noch warm servieren.

# AUBERGINEN-JOGHURT-DIP MIT HARISSA

*Um die Auberginen zu räuchern, das Gemüse direkt über einer Gasflamme oder auf dem Holzkohlengrill rösten. Beim Schmoren im Backofen bekommen sie nicht das gewünschte Raucharoma. Wenn Sie die Auberginen auf dem Holzkohlengrill rösten, kann die Haut der Aubergine hart werden. Diese dann einfach mit dem Messer aufschlitzen, das rauchige Fruchtfleisch herauslöffeln und im Dip verarbeiten. Er passt als Vorspeise mit dicken Brotscheiben oder mit geröstetem Fladenbrot.*

2 mittelgroße **Auberginen**
4 EL dick-cremiger **Joghurt**
1–2 **Knoblauchzehen,** geschält und zerstoßen
2 TL **Harissa** (s. S. 12)
1 kleines Bund glattblättrige **Petersilie,** fein gehackt
**Meersalz** und schwarzer **Pfeffer,** frisch gemahlen

**FÜR 4–6 PORTIONEN**

1 Auberginen direkt über eine Gasflamme oder auf den Holzkohlengrill legen und räuchern, dabei regelmäßig wenden. Die Haut kann schwarz werden und sogar aufreißen, das ist kein Problem.
2 Sobald sich die Auberginen weich anfühlen, die Flamme ausstellen und das Gemüse in einem hitzefesten Gefrierbeutel 2–3 Min. schwitzen lassen. Jede Aubergine am Stiel festhalten und mit kaltem Wasser abspülen. Dann ihre Haut komplett abziehen.
3 Überschüssiges Wasser vorsichtig aus jeder Aubergine drücken. Den Stiel abschneiden und das Fleisch fein hacken. In eine Rührschüssel geben, Joghurt und Knoblauch unterrühren, Harissa und die Hälfte der Petersilie dazugeben und mit Salz und Pfeffer würzen.
4 Mischung in eine Servierschüssel füllen und mit der restlichen Petersilie garnieren.

# JOGHURT-GURKEN-DIP MIT ROSENBLÜTEN

*Für dieses Rezept können Sie fertig abgeseihten Joghurt kaufen oder selbst hergestellten verwenden. Dazu ein großes Musselintuch über eine Schüssel legen und den Joghurt in die Mitte löffeln. Die Enden des Tuchs aufnehmen, fest zusammendrehen und über eine Schüssel an einen Wasserhahn oder Haken hängen. Zwei bis sechs Stunden hängen lassen, damit der Joghurt abtropfen kann und eine cremige Konsistenz bekommt. Den Dip als Vorspeise zu frischem knusprigem Brot servieren.*

1 **Bio-Salatgurke**
250 g **Joghurt,** abgeseiht
2 **Knoblauchzehen,** geschält und zerstoßen
2 EL **Walnusskerne,** grob gehackt
1 kleines Bund **Minze,** Blätter fein gehackt
**Meersalz** und schwarzer **Pfeffer,** frisch gemahlen
½ TL getrocknete **Minze**
1 Handvoll frische **Rosenblüten** (nur essbare Blüten in Lebensmittelqualität, meist Damaszenerrosen) oder getrocknete **Rosenknospen**

**FÜR 4–6 PORTIONEN**

1 Gurke putzen und längs mit dem Sparschäler so schälen, dass immer ein Streifen ausgespart bleibt und jeweils ein geschälter neben einem ungeschälten Bereich liegt. So bekommt der Dip mehr Biss. Gurke grob raspeln und auf einen Teller geben. Mit Salz bestreuen und 10 Min. ziehen lassen.

2 Abgeseihten Joghurt in eine Schüssel füllen. Knoblauch, Walnüsse und frische Minze unterrühren. Gurkenraspel mit der Hand über dem Spülbecken ausdrücken, überschüssiges Salz mit klarem Wasser abspülen, nochmals gut ausdrücken. Gurke nun unter den Joghurt mischen, mit Salz und Pfeffer würzen.

3 Joghurt-Dip in eine Servierschale geben und großzügig mit getrockneter Minze und Rosenblättern garnieren.

# TOMATENSUPPE MIT VERMICELLI UND RAS EL-HANOUT

*In der traditionellen Küche gibt es eine Reihe herzhafter Suppen, die als komplette Mahlzeit serviert werden können. Ein dickcremiger Joghurt und frisches knuspriges Brot reichen als Beilagen. Wird die Suppe als Vorspeise gereicht, ist es sinnvoll, das Brot wegzulassen und anschließend einer leichten Gemüse-Couscous zu servieren.*

2–3 EL **Oliven-** oder **Arganöl**
4 **Knoblauchzehen,** geschält und fein gehackt
2 **Zwiebeln,** geschält und fein gehackt
2 Stangen Staudensellerie, geputzt und in Scheiben geschnitten
1 **Karotte,** geschält und gehackt
8 große reife **Tomaten,** gehäutet und grob gehackt
1–2 TL **Zucker**
1 EL **Tomatenmark**
1–2 TL **Ras el-Hanout** (s. S. 15)
1 großes Bund **Koriander,** fein gehackt
1½ l **Gemüsebrühe**
120 g **Fadennudeln** (Vermicelli), in kleine Stücke gebrochen
**Meersalz** und schwarzer **Pfeffer,** frisch gemahlen
2–3 EL dickcremiger **Joghurt** als Beilage

**FÜR 4 PORTIONEN**

1 Öl in einer Kasserolle erhitzen und Knoblauch, Zwiebeln, Sellerie und Karotte darin anschwitzen, bis sie leicht Farbe annehmen. Tomaten und Zucker hinzufügen und bei mittlerer Hitze dick und sämig einkochen.
2 Tomatenmark, Ras el-Hanout und fast den ganzen Koriander unterrühren, Gemüsebrühe zugießen und aufkochen lassen. Hitze reduzieren und die Suppe 15 Min. sanft köcheln lassen.
3 Suppe mit Salz und Pfeffer würzen, Nudeln unterrühren und weiterköcheln lassen, bis die Nudeln bissfest gegart sind.
4 Suppe in Suppenschalen füllen, einen Klecks Joghurt dazugeben und mit dem restlichen Koriander garnieren.

# CREMIGE KÜRBISSUPPE MIT INGWER UND CHILI-HONIG

*Sämige, cremige Suppen sind ein Vermächtnis der Franzosen, aber durch die Vorliebe der Marokkaner für süße und scharfe Aromen wird diese Suppe durch Chili und Honig zu etwas Besonderem. Sie wärmt vorzüglich im Winter. Butternuss- oder Feigenblattkürbis eignen sich, aber auch Hokkaido, der nicht geschält werden muss.*

3 EL **Olivenöl**
1 EL **Butter**
1 **Zwiebel,** geschält und gehackt
50 g frischer **Ingwer,** geschält und fein gehackt
2 TL **Koriandersamen**
2 TL **Fenchelsamen**
1 kg **Kürbis,** geschält und Kerngeflecht entfernt, Fruchtfleisch grob gehackt
1 l **Gemüsebrühe**
150 ml **Crème double**
2–3 EL **Honig**
1–2 TL getrocknete **Chilischote,** fein gehackt

**FÜR 4–6 PORTIONEN**

1 Öl und Butter in einer Kasserolle erhitzen. Zwiebel, Ingwer, Koriander- und Fenchelsamen hinzufügen und 2–3 Min. anschwitzen, bis die Zwiebel leicht Farbe annimmt. Kürbisstücke unterrühren und Gemüsebrühe zugießen. Aufkochen, dann Hitze reduzieren, Deckel auflegen und die Suppe 25 Min. leicht köcheln lassen, bis der Kürbis sehr weich ist.
2 Suppe mit dem Pürierstab oder im Standmixer fein pürieren und zurück in den Topf geben. Bei geringer Hitze kurz durchköcheln lassen, mit Salz und Pfeffer würzen, Crème double einrühren.
3 Honig in einem kleinen Topf kurz erhitzen, bis er flüssig ist, dann gehackte Chili einrühren.
4 Suppe auf Suppenschalen verteilen, etwas Chili-Honig auf jede Suppe tröpfeln und sofort servieren.

# KRÄUTERBRÜHE MIT SAFRAN UND CHILI

***Diese Art leichter Brühe wird oft zu Beginn eines ausgiebigen Mahls, das aus verschiedenen Gerichten besteht, serviert. Oder sie wird zwischen zwei Gängen gereicht, um den Geschmack zu neutralisieren. Safran gibt der Brühe ihre besondere Note und Farbe, Chili regt den Appetit an, die Kräuter und Gewürze klären und gleichen die Aromen aus.***

1. Chilischoten in dünne Halbringe schneiden.
2. Gemüsebrühe mit allen Zutaten in einen Topf geben und zum Kochen bringen. Anschließend die Hitze reduzieren und das Ganze 1 Std. sanft köcheln lassen. Nach Belieben mit Salz und Pfeffer abschmecken.
3. Suppe in Suppenschalen füllen und noch sehr heiß servieren.

2–3 rote **Chilischoten,** Samen und Scheidewände entfernt
1 l **Gemüsebrühe**
2 TL **Kreuzkümmelsamen**
2 TL **Koriandersamen**
1 TL **Safranfäden**
1 großes Bund glattblättrige **Petersilie,** Blätter fein gezupft
1 großes Bund **Koriander,** Blätter fein gezupft
1 kleines Bund **Minze,** ganze Blätter abgezupft
4–6 **Pfefferkörner**
1 TL **Meersalz**

**FÜR 4–6 PORTIONEN**

# KALTE MANDEL-KNOBLAUCH-SUPPE

*In Tanger und Casablanca sind französische und spanische Einflüsse in der lokalen Küche nicht zu übersehen. Diese kalte Suppe ist dafür ein gutes Beispiel: Genau wie Gazpacho erfrischt sie an einem heißen Sommertag. Als Vorspeise macht sie Appetit auf die nachfolgenden Gänge.*

150 g blanchierte **Mandeln** (s. S. 23), grob gehackt
3–4 Scheiben altbackenes **Weißbrot,** Kruste entfernt
4 **Knoblauchzehen,** geschält und grob gehackt
4 EL **Olivenöl**
ca. 850 ml **Wasser**
1–2 EL **Weißwein-** oder Cidre-Essig
**Meersalz**
1 kleiner Zweig kernlose helle oder rote **Weintrauben**
1 grüne **Chilischote,** Samen und Scheidewände entfernt

**FÜR 4 PORTIONEN**

1 Mandeln in einer Küchenmaschine zur Paste verarbeiten. Brot und Knoblauch dazugeben, Olivenöl in feinem Strahl zugießen und dabei den Motor der Küchenmaschine weiterlaufen lassen. Nach und nach Wasser zugießen, dabei die Mischung weiterrühren, bis sie eine glatte und cremige Konsistenz bekommt. Zum Schluss Essig hinzufügen und mit Salz würzen.
2 Suppe in eine Schüssel füllen und im Kühlschrank mindestens 1 Std. kühl stellen.
3 Weintrauben und Chili in dünne Scheiben schneiden. Suppe auf Suppenschalen verteilen – nach Belieben Eiswürfel hinzufügen – und mit Weintrauben und Chili garnieren.

# KLEINE TAJINES

# KIRSCHTOMATEN-TAJINE MIT FETA UND EINGELEGTER ZITRONE

*Einfach und köstlich: So werden Kirschtomaten oder kleine Oliventomaten äußerst schmackhaft zubereitet. Die Tajine kann als kleiner Imbiss mit Fladen- oder knusprigem Brot serviert werden, ist aber auch eine ideale Beilage zu Grill- oder Schmorgerichten. Für eine vegane Variante den Fetakäse weglassen.*

450 g **Kirschtomaten**
2 EL **Oliven-** oder **Arganöl**
4 **Knoblauchzehen,** geschält, halbiert und zerdrückt
1 TL **Zucker**
1–2 TL getrocknete oder frische rote **Chilischoten,** fein gehackt (bei frischen Chilis die Samen und Scheidewände entfernen)
1–2 TL getrockneter **Oregano,** mit den Fingern zerrieben
1 eingelegte **Zitrone** (s. S. 16), grob gehackt
**Meersalz**
120 g **Feta**

**FÜR 4 PORTIONEN**

1 Backofen auf 200 °C vorheizen.

2 Kirschtomaten waschen, mit einem sehr scharfen Messer die Stielansätze entfernen. Boden einer Tajine oder Auflaufform dicht mit den Tomaten auslegen. Öl gleichmäßig darübergießen. Knoblauch auf den Tomaten verteilen, mit Zucker, Chilis und fast dem ganzen Oregano bestreuen. Tajine einmal kräftig schütteln, dann in den vorgeheizten Backofen stellen. Tomaten 20–25 Min. schmoren, bis die Haut Risse zeigt.

3 Tajine aus dem Backofen nehmen und die Hälfte der eingelegten Zitrone untermischen. Mit Salz würzen, mit dem restlichen Oregano bestreuen und die Tajine für weitere 5–10 Min. zurück in den Backofen stellen.

4 Vor dem Servieren den zerbröckelten Feta und die restliche eingelegte Zitrone über der Tajine verteilen.

# AUBERGINEN-TAJINE MIT TOMATEN, KICHERERBSEN UND JOGHURT

*In dieser leckeren Tajine ist ein Hauch des Mittleren Ostens und der Türkei zu spüren – Folge der zahlreichen Invasionen in der Geschichte Marokkos. Zusammen mit geröstetem Fladenbrot und einem Salat wärmt diese Tajine von innen und macht gut satt.*

2–3 EL **Ghee** oder **Smen** (s. S. 16); alternativ 1 EL **Olivenöl** mit 1 EL **Butter**
2 TL **Kreuzkümmelsamen**
2–3 **Zimtstangen**
2 mittelgroße **Auberginen,** geputzt und gewürfelt
2–3 **Knoblauchzehen,** geschält und zerstoßen
1–2 getrocknete rote **Chilischoten,** fein gehackt
8–10 **Kirsch-** oder kleine **Oliventomaten,** halbiert und Stielansätze entfernt
1–2 TL **Zucker**
2 EL getrockneter **Thymian,** mit den Fingern zerrieben
400 g **Kichererbsen** aus der Dose, abgetropft und abgespült
1 eingelegte **Zitrone** (s. S. 16), fein gehackt
**Meersalz** und schwarzer **Pfeffer,** frisch gemahlen
2–3 EL dickcremiger **Joghurt**
½ **Zitrone,** Saft
getrocknete **Minze** zum Garnieren

**FÜR 4 PORTIONEN**

1 Backofen auf 200 °C vorheizen.

2 Ghee in einer Tajine oder in einer ofenfesten Auflaufform erhitzen. Kreuzkümmelsamen und Zimtstangen dazugeben und 1–2 Min. kurz anbraten. Auberginen hinzufügen, Deckel auflegen und die Tajine in den vorgeheizten Backofen stellen.

3 Gemüse 25–30 Min. schmoren, dabei die Auberginen mehrmals im Ghee und in den Gewürzen wenden, bis sie weich und goldbraun sind.

4 Tajine aus dem Backofen nehmen, Knoblauch, Chili und Tomaten hinzufügen. Mit Zucker bestreuen und die Tajine weitere 15 Min. zurück in den Backofen geben. Danach Thymian, Kichererbsen und eingelegte Zitrone untermischen. Mit Salz und Pfeffer abschmecken und noch für 10 Min. im Backofen belassen.

5 Joghurt und Zitronensaft in einer Schüssel verrühren. Vor dem Servieren auf die Tajine geben und mit etwas getrockneter Minze bestreuen.

# TAJINE MIT SCHARF GERÖSTETEN KÜRBISSPALTEN UND LIMETTE

***So schmeckt Kürbis besonders gut! Die scharfen Kürbisspalten sind eine hervorragende Beilage zu anderen Tajines oder werden solo mit würzigem Couscous und einem Salat serviert. Rösten Sie die Kürbiskerne mit etwas Öl und grobem Salz als kleinen Snack für zwischendurch.***

1 kleiner oder ½ mittelgroßer **Hokkaido-Kürbis**
2 TL **Koriandersamen**
1 TL **Kreuzkümmelsamen**
1 TL **Fenchelsamen**
1–2 TL **Zimtpulver**
2 getrocknete rote **Chilischoten,** fein zerstoßen
1 TL **Meersalz**
2 **Knoblauchzehen,** geschält und zerdrückt
2–3 EL **Oliven-** oder **Kürbiskernöl**
1–2 EL **Honig**
1–2 **Limetten,** in schmale Segmente geschnitten, zum Garnieren
**Salz**

**FÜR 4–6 PORTIONEN**

1 Backofen auf 200 °C (Gas Stufe 6) vorheizen.

2 Kürbis der Länge nach halbieren, Kürbiskerne mit einem Löffel herauskratzen. Die Kürbishälfte in vier bis sechs dünne halbmondförmige Spalten schneiden. Mit der Hautseite nach unten kreisförmig auf dem Boden einer breiten Tajine oder Auflaufform verteilen.

3 Getrocknete Gewürze mit Meersalz im Mörser zermahlen. Knoblauch und etwas Öl dazugeben, alles zu einer Paste verarbeiten. Kürbisspalten mit der Gewürzpaste einreiben und mit dem restlichen Öl beträufeln.

4 Taijne in den vorgeheizten Backofen stellen, Kürbisspalten in 35–40 Min. weich rösten. Mit Honig beträufeln und weitere 10 Min. darin garen. Zum Schluss die Spalten mit wenig Salz bestreuen und heiß servieren. Limetten zum Auspressen dazu reichen.

# EI-TAJINE MIT ZWIEBELN, OLIVEN UND ZAHTAR

***Das beliebte Essen an Bushaltestellen und in Arbeiter-Cafés wird in einem flachen Topf gekocht und ist schnell und unkompliziert in der Zubereitung. Serviert mit geröstetem Fladenbrot und eingelegtem Gemüse, ist es ein wunderbares zweites Frühstück oder Mittagessen.***

1 EL **Oliven-** oder **Arganöl**
20 g **Butter**
2 **Zwiebeln,** geschält und fein gehackt
2 **Knoblauchzehen,** geschält und fein gehackt
½ TL **Zucker**
1 TL getrocknete **Chilischoten, Cayenne-** oder **Chilipulver**
1 EL schwarze **Oliven** ohne Stein, in feine Ringe geschnitten
4–6 **Eier**
1–2 TL **Zahtar** (s. S. 25)
**Meersalz** und schwarzer **Pfeffer,** frisch gemahlen

**FÜR 4–6 PORTIONEN**

1 Öl und Butter in einer Tajine oder Kasserolle erhitzen. Zwiebeln, Knoblauch und Zucker dazugeben, 3–4 Min. darin anbraten, bis die Zwiebeln weich und schön gebräunt sind. Chilis und Oliven hinzufügen und eine weitere Minute mitbraten, anschließend mit Salz und Pfeffer würzen.

2 In die Mischung vier bis sechs kleine Mulden drücken. Eier vorsichtig darin aufschlagen. Deckel auf die Tajine legen und 4–5 Min. sanft garen, bis das Eiweiß gestockt ist. Mit Zahtar bestreuen und sofort servieren.

# BABY-AUBERGINEN-TAJINE MIT KORIANDER UND MINZE

*Die kleinen Baby-Auberginen, die es in Läden mit Lebensmitteln aus dem Mittleren Osten, aus Nordafrika und Asien häufig zu kaufen gibt, schmecken sehr delikat. Als Ersatz können Sie dünne, längliche Auberginen verwenden, die Sie dann vierteln. Zu diesem Gericht passt gebutterter Couscous (s. S. 104).*

2 EL **Ghee, Argan-** oder **Olivenöl**
1 **Zwiebel,** geschält
2–3 **Knoblauchzehen,** geschält
2 rote **Chilischoten,** Samen und Scheidewände entfernt
2 TL **Koriandersamen**
2 TL **Kreuzkümmelsamen**
2 TL **Zucker**
1–2 TL gemahlene **Bockshornkleesamen**
8 **Baby-Auberginen** mit Stiel
800 g **Pizzatomaten** aus der Dose
**Meersalz** und schwarzer **Pfeffer,** frisch gemahlen
1 Bund **Minze,** Blätter grob gehackt
1 Bund **Koriander,** grob gehackt

**FÜR 4 PORTIONEN**

1 Ghee in einer Tajine oder Kasserolle zerlassen. Zwiebel, Knoblauch und Chilis fein hacken. Koriander-, Kreuzkümmelsamen und Zucker hinzufügen, 2–3 Min. darin anbraten, bis die Zwiebeln Farbe annehmen.

2 Bockshornkleesamen und Auberginen dazugeben und in der Zwiebel-Gewürz-Mischung wenden. Tomatenstücke mit Flüssigkeit dazugeben, kurz aufkochen lassen und den Deckel auf die Tajine legen. Auberginen und Tomaten bei geringer Hitze 40 Minuten leicht köcheln lassen, bis die Auberginen sehr weich sind.

3 Tajine mit Salz und Pfeffer würzen und fast die ganze Minze und den ganzen Koriander untermischen. Deckel wieder auflegen und weitere 5 Min. bei mittlerer Temperatur köcheln lassen. Mit den restlichen Kräutern garnieren und heiß servieren.

# ZUCCHINI-TAJINE MIT ZUCCHINIBLÜTEN UND ZITRONE

***Diese Tajine mit Baby-Zucchini und leuchtend gelben Zucchiniblüten ist ein herrliches Gericht für Frühjahr und Sommer. Sie ist leicht, mit feiner Zitrusnote und kann als Vorspeise mit einem Salat oder als einfache Tajine mit frischem knusprigem Brot zum Tunken serviert werden.***

2 EL **Oliven-** oder **Arganöl**
2 TL **Koriandersamen**
2 **Knoblauchzehen,** geschält und fein gehackt
1 **Zwiebel,** geschält und in Ringe geschnitten
12 ganze **Baby-Zucchini,** geputzt
1 eingelegte **Zitrone** (s. S. 16), fein geschnitten
2 **Zitronen,** Saft
4–8 **Zucchiniblüten,** geputzt und leicht ausgeschüttelt, um evtl. Insekten zu entfernen
1 EL **Orangenblütenwasser**
**Meersalz** und schwarzer **Pfeffer,** frisch gemahlen
frische **Minzeblätter,** fein gerebelt, zum Garnieren

**FÜR 4 PORTIONEN**

1 Öl in einer Tajine oder Kasserolle erhitzen, Koriandersamen, Knoblauch und Zwiebel 1–2 Min. darin anschwitzen. Baby Zucchini hinzufügen und in der Zwiebel-Knoblauch-Mischung wenden. Anschließend eingelegte Zitrone und Zitronensaft dazugeben. Deckel auf die Tajine legen und 10–15 Min. sanft köcheln lassen, bis die Zucchini gar, aber noch etwas bissfest sind.

2 Tajine mit Salz und Pfeffer würzen, Zucchiniblüten dazugeben und einige Spritzer Orangenblütenwasser hinzufügen. Deckel auflegen und für weitere 4–5 Min. sanft köcheln lassen, bis die Blüten durch den Dampf leicht zusammenfallen.

3 Mit Minzeblättern garnieren und heiß oder mit Zimmertemperatur servieren.

# OKRA-TOMATEN-TAJINE MIT ZITRONE

*Diese Tajine können Sie mit einem einfachen oder scharfen Couscous servieren. Okraschoten müssen vor dem Kochen richtig vorbereitet werden, damit sie Farbe und Biss behalten. Sonst werden sie schnell breiig und schleimig. Zunächst die Stiele entfernen, dann die Okraschoten mit 2–3 TL Salz und 2–3 EL Weißwein- oder Cidre-Essig in eine Schüssel geben. Gut vermischen und mindestens 2 Std. durchziehen lassen. Anschließend gründlich abspülen, abtropfen lassen und trocken tupfen.*

1 **Zwiebel,** geschält und längs halbiert
2 **Knoblauchzehen,** geschält
1–2 rote **Chilischoten,** Samen und Scheidewände entfernt
2 EL **Oliven-** oder **Arganöl**
1–2 TL **Zucker**
2 TL **Koriandersamen**
500 g frische **Okraschoten,** abgespült und wie oben beschrieben zubereitet
1 **Zitrone,** Saft
400 g **Pizzatomaten** aus der Dose
**Meersalz** und schwarzer **Pfeffer,** frisch gemahlen
½ eingelegte **Zitrone** (s. S. 16), fein geschnitten, zum Garnieren

**FÜR 4 PORTIONEN**

1 Zwiebel in feine Ringe schneiden, Knoblauch und Chilis fein hacken.

2 Öl in einer Tajine oder Kasserolle erhitzen. Zwiebelringe, Knoblauch und Chilis mit Zucker und Koriandersamen darin 2–3 Min. anrösten. Okraschoten dazugeben, Zitronensaft zugießen und die Tomaten hinzufügen. Kurz aufkochen lassen, Deckel auflegen und die Tajine 15 Min. bei mittlerer Temperatur köcheln lassen.

3 Wenn die Okraschoten weich sind, die Tajine mit Salz und Pfeffer würzen. Vor dem Servieren mit der eingelegten Zitrone garnieren.

# PAPRIKA-TAJINE MIT EI UND RAS EL-HANOUT

*Ein typisches Gericht, das es an den Verkaufsständen bei Bushaltestellen, auf Märkten, in geschäftigen Häfen oder in Arbeiter-Cafés gibt. Schnell zubereitet und farbenfroh, kann diese Tajine als kleiner Imbiss zu jeder Tageszeit zubereitet werden. Sie schmeckt auch als leichte Mahlzeit zusammen mit geröstetem Fladenbrot und Knoblauch-Joghurt.*

2 EL **Ghee** oder **Olivenöl**
1 **Zwiebel,** geschält, längs halbiert und in dünne Scheiben geschnitten
1 TL **Kreuzkümmelsamen**
1 TL **Zucker**
3 **Gemüsepaprika** (grün, rot und gelb), Samen entfernt, in Streifen geschnitten
2–3 TL **Ras el-Hanout** (s. S. 15) für das Gemüse und zum Bestäuben
4 **Eier**
4 geh. EL dickcremiger **Joghurt**
2 **Knoblauchzehen,** geschält und zerstoßen
**Meersalz** und schwarzer **Pfeffer,** frisch gemahlen
1 kleines Bund glattblättrige **Petersilie,** fein gehackt, zum Garnieren

**FÜR 4 PORTIONEN**

1 Ghee in einer Tajine oder in einer Kasserolle erhitzen. Zwiebelringe, Kreuzkümmelsamen und Zucker darin 1–2 Min. anschwitzen. Paprikastreifen hineingeben und bei mittlerer Hitze in 2–3 Min. weich garen. Zum Schluss Ras el-Hanout dazugeben, alles mit Salz und Pfeffer würzen und durchmischen.

2 Vier Vertiefungen hineindrücken und etwas an die Seite schieben, damit ausreichend Platz für die Eier bleibt. Eier jeweils darüber aufschlagen und mit Ras el-Hanout bestäuben. Deckel auflegen und die Eier bei geringer Hitze 3–4 Min. garen, bis das Eiweiß gestockt ist.

3 Joghurt mit Knoblauch in einer Schüssel cremig rühren, mit Salz und Pfeffer abschmecken.

4 Tajine mit Petersilie bestreuen, auf vier Tellern anrichten und mit einem Klecks Knoblauch-Joghurt darauf servieren.

2 EL **Oliven-** oder **Arganöl**
1–2 **Zwiebeln,** geschält und grob gehackt
2 **Knoblauchzehen,** geschält und grob gehackt
500 g **Stangenbohnen,** geputzt und in jeweils 3–4 Stücke geschnitten
2 TL **Zucker**
1 **Zitrone,** Saft
800 g **Pizzatomaten** aus der Dose
½ Bund **Dill,** grob gehackt
**Meersalz** und schwarzer **Pfeffer,** frisch gemahlen
1 kleines Bund glattblättrige **Petersilie,** grob gehackt, zum Garnieren

**FÜR 4 PORTIONEN**

# STANGENBOHNEN-TAJINE MIT TOMATEN UND DILL

***Diese einfache Tajine mit frischen Stangenbohnen schmeckt mit knusprigem Brot und einem dickcremigen Joghurt. Verwenden Sie den Dill großzügig, da er das wichtigste Gewürz in dieser Tajine ist und das traditionelle Bohnen-Tomaten-Gericht zu etwas ganz Besonderem macht.***

1. Öl in einer Tajine oder in einer Kasserolle erhitzen. Zwiebeln und Knoblauch 2– 3 Min. darin anschwitzen, bis die Zwiebeln weich sind. Bohnen hinzufügen, Zucker und Zitronensaft unterrühren. Tomaten und Dill hineingeben, Deckel auflegen. Alles ca. 20 Min. bei geringer Hitze garen, bis die Bohnen weich sind und die Tomatensauce eine dickliche Konsistenz hat.
2. Tajine mit Salz und Pfeffer abschmecken und vor dem Servieren mit Petersilie garnieren.

4 **Artischockenböden**
⅛ l **Olivenöl**
1 **Zitrone,** Saft
50 ml **Wasser**
150 g blanchierte **Mandeln** (s. S. 23)
150 g getrocknete **Aprikosen,** halbiert oder geviertelt
400 g frische dicke **Bohnenkerne** oder **Limabohnen** aus der Dose, abgetropft und abgespült
1–2 TL **Zucker**
1 kleines Bund **Dill,** grob gehackt
**Meersalz** und schwarzer **Pfeffer,** frisch gemahlen

**FÜR 4 PORTIONEN**

# ARTISCHOCKEN-TAJINE MIT DICKEN BOHNEN, APRIKOSEN UND MANDELN

*Leicht und sonnig: Diese köstliche Tajine ist perfekt für den Frühling oder Frühsommer, wenn die Artischocken noch jung und zart sind. Verwenden Sie möglichst frische Artischocken, von denen Sie nur den Boden nehmen: Den Stiel und alle Blätter entfernen und das Heu aus dem Boden heben. Ersatzweise können Sie auf tiefgekühlte, fertig zubereitete Artischockenböden zurückgreifen. Servieren Sie dazu Couscous oder einen Salat.*

1. Artischockenböden mit der ausgehöhlten Seite nach oben in eine Tajine oder Kasserolle setzen.
2. Olivenöl, Zitronensaft und Wasser verrühren, auf den Artischocken verteilen. Deckel auflegen und die Artischocken 15–20 Min. bei geringer Hitze weich garen.
3. Mandeln, Aprikosen und Bohnen hineingeben. Mit Zucker und fast dem ganzen Dill bestreuen. Deckel wieder auflegen und weitere 10 Min. sanft köcheln lassen.
4. Tajine mit Salz und Pfeffer abschmecken. Mandeln, Aprikosen und Bohnen in Artischockenböden füllen, mit dem restlichen Dill garnieren.
5. Auf gebuttertem Couscous (s. S. 104) servieren.

# ARTISCHOCKEN MIT INGWER, HONIG UND EINGELEGTER ZITRONE

2 EL **Olivenöl**
2 **Knoblauchzehen,** geschält und zerstoßen
2–3 cm frischer **Ingwer,** geschält und fein gehackt
1 TL **Fenchelsamen**
1 Prise **Safranfäden,** in wenig Wasser eingeweicht
½ **Zitrone,** Saft
1–2 EL **Honig**
6–8 **Artischockenherzen,** halbiert, oder Artischockenböden, geviertelt
ca. 150 ml **Wasser**
1 eingelegte **Zitrone** (s. S. 16), fein geschnitten
1 kleines Bund **Koriander,** fein gehackt
**Meersalz** und schwarzer **Pfeffer,** frisch gemahlen

**FÜR 4 PORTIONEN**

*Für dieses Rezept können Sie frische Artischocken, eingelegte große Artischockenherzen oder tiefgekühlte Artischockenböden verwenden. Bei frischen Artischocken zunächst die äußeren Blätter entfernen und den Stiel abbrechen. Dann die Spitzen großzügig abschneiden und alle faserigen Teile entfernen (das Heu mit einem Löffel herausheben). Herzen und Böden zurechtschneiden, in Zitronenwasser einlegen, damit sie sich nicht verfärben. Zur Tajine einen zitronig, würzig oder fruchtig schmeckenden Couscous servieren.*

1 Öl in einer Tajine oder Kasserolle erhitzen. Knoblauch, Ingwer und Fenchelsamen 1–2 Min. darin anschwitzen. Safran mitsamt Einweichwasser, Zitronensaft und Honig in die Tajine geben, alles bei geringer Hitze ca. 5 Min. köcheln lassen.

2 Artischocken abtropfen lassen und darunterheben. Gerade so viel Wasser zugießen, dass der Boden der Tajine bedeckt ist. Fast alle eingelegten Zitronenstücke dazugeben. Deckel auflegen und die Artischocken in 15–20 Min. weich garen.

3 Tajine mit Salz und Pfeffer abschmecken, Koriander fast vollständig untermischen. Zum Schluss mit den übrigen fein gehackten eingelegten Zitronenstücken und dem restlichen Koriander bestreuen.

# TAJINE MIT GEFÜLLTEN PFLAUMEN, WALNÜSSEN UND ROSENWASSER

*Die Römer kamen bis nach Marokko und hinterließen deutliche Zeichen ihrer Existenz wie den Weinanbau, den die französischen Kolonialherren später zu neuer Blüte führten. In Marokko werden einige gute Weine produziert. Manchmal wird Wein auch zum Kochen verwendet, vor allem von kreativen Küchenchefs in Rabat und Casablanca. Servieren Sie diese Tajine als Zwischengericht oder zusammen mit gebuttertem Couscous (s. S. 104), zerkrümeltem Feta und eingelegten Chilis.*

16 getrocknete **Pflaumen** ohne Stein
16 **Walnusshälften**
1–2 EL **Ghee;** alternativ
1 EL **Olivenöl** mit 1 EL **Butter**
2 **Zimtstangen,** in Stücke gebrochen
1 TL **Kardamomsamen**
3–4 **Gewürznelken**
½ unbehandelte **Bio-Orange,** abgeriebene Schale
¼ l **Rotwein**
1 EL **Granatapfelsirup**
1 EL **Honig**
1–2 EL **Rosenwasser**
**Meersalz** und schwarzer **Pfeffer,** frisch gemahlen
1 kleines Bund glattblättrige **Petersilie,** grob gehackt, zum Garnieren

**FÜR 4 PORTIONEN**

1 Trockenpflaumen mit je einer Walnusshälfte füllen.
2 Ghee in einer Tajine oder Kasserolle zerlassen. Zimtstangen, Kardamomsamen, Gewürznelken und abgeriebene Orangenschale hinzufügen und 1 Min. erhitzen, bis es angenehm duftet. Gefüllte Pflaumen in die Tajine geben und mit den Gewürzen und Ghee überziehen. Rotwein angießen, Deckel auflegen und die Pflaumen 15 Min. sanft garen.
3 Granatapfelsirup und den Honig dazugeben. Mit Salz und Pfeffer würzen, Deckel wieder auflegen und für weitere 15 Min. köcheln, bis die Flüssigkeit leicht karamellisiert.
4 Rosenwasser untermischen, Tajine mit Petersilie bestreuen und servieren.

# BIRNEN-TAJINE MIT FEIGEN, WALNÜSSEN UND KARDAMOM

*Süß, fruchtig und scharf – diese ungewöhnliche Tajine hat alles, was ein früharabisches oder auch persisches Gericht ausmacht. Sie passt sehr gut zu anderen Tajines oder zu würzigem Couscous. Ebenso gut kann sie als Zwischengericht serviert werden, um den Geschmack zwischen zwei scharfen Gerichten auszubalancieren.*

1–2 EL **Ghee** oder **Arganöl;** alternativ 1 EL **Olivenöl** mit 1 EL **Butter**
1–2 TL **Kardamomsamen**
4 kleine **Birnen,** geschält, vom Kerngehäuse befreit und geviertelt
8–12 getrocknete **Feigen,** halbiert
175 g **Walnusskerne**
1 getrocknete rote **Chilischote,** fein zerstoßen
2 EL Honig
Meersalz und schwarzer **Pfeffer,** frisch gemahlen
1 kleines Bund **Koriander,** Blätter fein gehackt
1 **Zitrone** oder **Limette,** in Spalten geschnitten zum Garnieren

**FÜR 4 PORTIONEN**

1 Backofen auf 200 °C vorheizen.

2 Ghee in einer Tajine oder Auflaufform erhitzen, Kardamomsamen hinzufügen und 1 Min. darin rösten. Birne hineingeben und im Fett wenden. Anschließend für 15 Minuten in den vorgeheizten Backofen stellen, Birnen zwischendurch einmal wenden.

3 Tajine aus dem Backofen nehmen, Feigen, Walnüsse und Chili dazugeben. Honig untermischen und für weitere 15 Min. in den Backofen stellen, bis die Birnen leicht karamellisieren.

4 Tajine mit Salz und Pfeffer abschmecken, fast den ganzen Koriander unterheben. Restlichen Koriander darüberstreuen und mit Zitronen- oder Limettenspalten anrichten.

# BOHNEN-TAJINE MIT KIRSCHTOMATEN UND SCHWARZEN OLIVEN

*Diese raffinierte Tajine ist vermutlich ein Erbe der Franzosen. Sie vereint die drei Hauptzutaten mit den wichtigsten marokkanischen Geschmacksnoten salzig, fruchtig und scharf. Servieren Sie die Tajine als Beilage oder als Hauptgericht mit einem Blattsalat.*

200 g weiße **Riesenbohnen** (Gigantes), über Nacht in reichlich Wasser eingeweicht
2–3 EL **Olivenöl**
4 **Knoblauchzehen,** geschält, halbiert und zerdrückt
2 **Zwiebeln,** geschält und in feine Ringe geschnitten
2 grüne **Chilischoten,** Samen und Scheidewände entfernt
2–3 cm frischer **Ingwer,** geschält und fein gehackt
2 TL **Koriandersamen**
1–2 TL **Zucker**
1 Prise **Safranfäden,** in wenig Wasser eingeweicht
ca. 12 **Kirschtomaten,** Stielansatz entfernt
ca. 12 dunkelviolette **Oliven**
1–2 TL getrockneter **Thymian**
1 **Zitrone,** Saft
**Meersalz** und schwarzer **Pfeffer,** frisch gemahlen
1 kleines Bund glattblättrige **Petersilie,** grob gehackt zum Garnieren
**Zitronenspalten** zum Garnieren

**FÜR 4–6 PORTIONEN**

1 Eingeweichte Bohnen gut abtropfen lassen, abspülen und mit reichlich Wasser – zwei Fingerbreit über den Bohnen – in einen großen Topf geben und 5 Min. offen kochen lassen. Wasser abgießen und erneut mit frischem Wasser – immer ohne Salz – zum Kochen bringen, 15 Min. kochen und den Vorgang wiederholen. Hitze reduzieren und die Bohnen weitere 20–30 Min. leicht köcheln lassen. Sie sollten weich sein, aber noch nicht breiig. Bei Bedarf länger kochen. Bohnen in ein Sieb abgießen, mit kaltem Wasser abspülen und abtropfen lassen.

2 Öl in einer Tajine oder Kasserolle erhitzen. Knoblauch, Zwiebeln, fein gehackte Chilis, Ingwer, Koriandersamen und Zucker darin 2–3 Min. anschwitzen. Safranfäden mitsamt Einweichwasser und Bohnen dazugeben. Dann Tomaten, Oliven, Thymian und Zitronensaft in die Tajine geben, Deckel auflegen und bei niedriger Hitze 15–20 Min. garen.

3 Tajine mit Salz und Pfeffer abschmecken, mit Petersilie garnieren und nach Geschmack Zitronenspalten darüber auspressen.

# GROSSE TAJINES

# KICHERERBSEN-SPINAT-TAJINE MIT JOGHURT

*Diese ländliche Tajine wird meist mit frisch gebackenem Fladenbrot oder mit knusprigem, noch warmem Brot serviert. Wenn Sie Kichererbsen aus der Dose verwenden, ist die Tajine in 15–20 Minuten zubereitet – ideal als schnelles Mittag- oder Abendessen. Dazu die Kichererbsen nur abspülen und in einem Sieb abtropfen lassen.*

1 EL **Ghee, Smen** (s. S. 16) oder **Arganöl;** alternativ 1 EL **Olivenöl** mit 1 EL **Butter**
1 **Zwiebel,** geschält und fein gehackt
2 **Knoblauchzehen,** geschält und fein gehackt
2–3 cm frischer **Ingwer,** geschält und fein gehackt
1 TL **Kreuzkümmelsamen**
250 g **Kichererbsen** (Trockenware), über Nacht eingeweicht, in frischem Wasser ohne Salz ca. 40–60 Min. gegart, abgespült und abgetropft
1 TL **Kurkumapulver**
1–2 EL **Ras el-Hanout** (s. S. 15)
500 g **Spinat,** geputzt und grobe Stiele entfernt
150 ml **Wasser**
**Meersalz** und schwarzer **Pfeffer,** frisch gemahlen
2–3 TL dickcremiger **Joghurt**
½ TL **Paprikapulver**
**Arganöl** nach Geschmack

**FÜR 3–4 PORTIONEN**

1. Ghee in einer Tajine oder Kasserolle erhitzen. Zwiebeln, Knoblauch, Ingwer und Kreuzkümmelsamen leicht darin rösten, bis sie Farbe annehmen.
2. Kichererbsen in der Zwiebelmischung wenden. Kurkuma und Ras el-Hanout dazugeben. Anschließend grob zerpflückte Spinatblätter und Wasser unterrühren.
3. Deckel auflegen, bei geringer Hitze 10–15 Min. garen.
4. Dann mit Salz und Pfeffer abschmecken. Einen Klecks Joghurt daraufgeben, mit Paprikapulver bestäuben und mit Arganöl nach Geschmack beträufeln. Die Tajine sofort servieren.

# BLUMENKOHL-KICHERERBSEN-TAJINE MIT HARISSA UND EINGELEGTER ZITRONE

*Ein typisches Gericht der Waldregionen des Mittleren Atlas und der grünen Täler, die hinauf zum Hohen Atlas führen. Blumenkohl, Brokkoli oder Kohl werden dort köstlich herzhaft zubereitet.*

2 EL **Ghee, Smen** (s. S. 16) oder **Arganöl**; alternativ 1 EL **Olivenöl** mit 1 EL **Butter**
1 **Zwiebel,** geschält und grob gehackt
2 **Knoblauchzehen,** geschält und grob gehackt
2 TL **Koriandersamen**, 1–2 TL **Zucker**
400 g **Kichererbsen** aus der Dose, abgespült und abgetropft
1 mittelgroßer **Blumenkohl,** geputzt und in kleine Röschen geteilt
400 g **Pizzatomaten** aus der Dose
2–3 TL **Harissa** (s. S.12)
**Meersalz** und schwarzer **Pfeffer,** frisch gemahlen
1 Bund **Koriander,** grob gehackt
1 eingelegte **Zitrone** (s. S.16)

**FÜR 4–6 PORTIONEN**

1 Ghee in einer Tajine oder Kasserolle erhitzen, Zwiebel darin 2–3 Min. anschwitzen. Knoblauch, Koriander und Zucker hineingeben und weitere 2–3 Min. braten, bis Zwiebel und Knoblauch leicht Farbe bekommen. Dann die Kichererbsen und Blumenkohlröschen hinzufügen.

2 Tomatenstücke mit ihrem Saft dazugeben, Harissa unterrühren und ausreichend Wasser zugießen, sodass der Blumenkohl gerade bedeckt ist. Das Ganze aufkochen, Hitze reduzieren und bei aufgelegtem Deckel 15–20 Min. leicht köcheln lassen, bis der Blumenkohl weich ist.

3 Tajine mit Salz und Pfeffer abschmecken, mit fast dem ganzen Koriander und den eingelegten feingeschnittenen Zitronenstücken bestreuen. Den Rest als Garnitur aufbewahren. Tajine für weitere 5–10 Min. garen.

4 Restlichen Koriander und Zitronenstücke darüberstreuen und sofort servieren.

450 g kleine weiße **Bohnen,** über Nacht eingeweicht und abgetropft
2–3 EL **Ghee, Smen** (s. S. 16) oder **Arganöl;** alternativ 1 EL **Olivenöl** mit 1 EL **Butter**
2 **Zwiebeln,** geschält
4 **Knoblauchzehen,** geschält
2 rote **Chilischoten,** Samen und Scheidewände entfernt
2 TL **Zucker**
2 TL **Harissa** (s. S. 12)
800 g **Pizzatomaten** aus der Dose
1 Bund **Minze,** Blätter fein gehackt
**Meersalz** und schwarzer **Pfeffer,** frisch gemahlen
1 Bund glattblättrige **Petersilie,** fein gehackt
1 Bund **Koriander,** fein gehackt
1–2 **Zitronen,** in Spalten geschnitten, zum Garnieren

**FÜR 4–6 PORTIONEN**

# BOHNEN-TAJINE MIT HARISSA UND KORIANDER

*Diese klassische Berber-Tajine wird in zahllosen Varianten mit grünen Bohnen, Borlotti-Bohnen, schwarzen Bohnen, dicken oder weißen Bohnen zubereitet. Das Gericht wird häufig mit Brot serviert, schmeckt aber auch nur mit dickcremigem Joghurt und einem marokkanischen Frucht-Chutney (s. S. 119).*

1 Bohnen mit reichlich Wasser in einen Topf geben und zum Kochen bringen. 10 Min. sprudelnd kochen, Hitze reduzieren und Bohnen weitere 20 Min. garen, bis sie weich sind. Kalt abspülen und gut abtropfen lassen.

2 Ghee in einer Tajine oder Kasserolle erhitzen. Zwiebeln in Ringe schneiden, Knoblauch und Chilis fein hacken. Mit Zucker 2–3 Min. im heißen Ghee anschwitzen, bis sie Farbe bekommen. Harissa und Bohnen untermischen. Tomaten hineingeben und etwas Wasser zugießen, sodass die Bohnen bedeckt sind. Aufkochen, Hitze reduzieren, Deckel auflegen und 20 Min. sanft garen.

3 Tajine mit Salz und Pfeffer abschmecken, fast alle Kräuter hinzufügen und noch für 10 Min. leicht köcheln lassen.

4 Restliche Kräuter darüberstreuen und mit Zitronenspalten noch heiß servieren.

# LINSEN-TAJINE MIT INGWER UND RAS EL-HANOUT

***Die pikante Linsen-Tajine mit ihrem vollen Geschmack ist eine komplette Mahlzeit. Reichen Sie dazu eine Portion dickcremigen Joghurt, ein marokkanisches Frucht-Chutney (z. B. von S. 119) und geröstetes Fladenbrot. Die Tajine aus den kühlen Höhen des Atlas-Gebirges wärmt von innen.***

2 EL **Ghee** oder **Smen** (s. S. 16); alternativ 1 EL **Olivenöl** mit 1 EL **Butter**
1 **Zwiebel,** geschält
4–5 cm frischer **Ingwer,** geschält
4 **Knoblauchzehen,** geschält
1–2 TL **Zucker**
2 TL **Kreuzkümmelsamen,** angequetscht
1 TL **Koriandersamen**
2–3 TL **Ras el-Hanout** (s. S. 15)
300 g kleine braune oder grüne **Linsen** (z. B. Puy-Linsen oder ähnliche), verlesen, abgespült und abgetropft
1 großes Bund **Koriander,** fein gehackt
**Meersalz** und schwarzer **Pfeffer,** frisch gemahlen

**FÜR 4–6 PORTIONEN**

1 Ghee in einer Tajine oder Kasserolle erhitzen. Zwiebel, Ingwer und Knoblauch fein hacken. Mit Zucker 2–3 Min. im heißen Ghee unter Rühren anbraten, bis die Zwiebeln weich werden und leicht Farbe annehmen. Kreuzkümmel- und Koriandersamen hineingeben und für weitere 1–2 Min. braten.
Ras el-Hanout hinzufügen und Linsen gut unterrühren, bis sie vollständig von den übrigen Zutaten überzogen sind.

2 Gerade so viel Wasser zugießen, dass die Linsen etwa 2 ½ cm hoch bedeckt sind, und aufkochen lassen. Hitze reduzieren, Deckel auflegen und das Ganze 25 Min. sanft vor sich hin köcheln lassen. Die Flüssigkeit sollte dann vollständig aufgenommen und die Linsen noch bissfest sein.

3 Mit Salz und Pfeffer abschmecken, Koriander untermischen und einen Rest zum Garnieren zurückbehalten.

## AUBERGINEN-ZUCCHINI-TAJINE MIT APRIKOSEN UND DATTELN

***Diese köstliche Tajine ist eine Art marokkanische Ratatouille und bekommt durch Trockenfrüchte und Ras el-Hanout seine süß-pikante Note. Servieren Sie sie entweder mit frischem knusprigem Brot und Joghurt oder mit Couscous.***

3–4 EL **Olivenöl**
20 g **Butter**
1 **Zwiebel,** geschält, längs halbiert und in Ringe geschnitten
2–3 **Knoblauchzehen,** geschält und gehackt
2 **Auberginen,** geputzt und in mundgerechte Stücke geschnitten
2 **Zucchini,** geputzt und in Scheiben geschnitten
1 rote **Gemüsepaprika,** halbiert und Samen entfernt, in dünne Streifen geschnitten
150 g getrocknete **Datteln** ohne Stein, längs halbiert
150 g getrocknete **Aprikosen** ohne Stein, halbiert
2–3 TL **Ras el-Hanout** (s. S. 15)
800 g **Pizzatomaten** aus der Dose
1 kleines Bund glattblättrige **Petersilie,** fein gehackt
1 kleines Bund **Koriander,** fein gehackt
**Meersalz** und schwarzer **Pfeffer,** frisch gemahlen

**FÜR 4–6 PORTIONEN**

1. Öl mit Butter in einer Tajine oder Kasserolle erhitzen. Zwiebel und Knoblauch darin 1–2 Min. anschwitzen. Auberginen und Zucchini hinzufügen, für weitere 3–4 Min. anbraten. Paprika, Datteln, Aprikosen und Ras el-Hanout dazugeben. Tomaten mit der Hälfte der Kräuter unterrühren und zum Kochen bringen.
2. Deckel auflegen und das Gericht bei mittlerer Hitze 30–40 Min. schmoren.
3. Tajine mit Salz und Pfeffer abschmecken, mit den restlichen Kräutern bestreuen und sofort servieren.

# KAROTTEN-KARTOFFEL-TAJINE MIT ERBSEN

*Dieses klassische ländliche Gericht wird auch als „Arme-Leute-Essen" bezeichnet, denn es kann je nach Jahreszeit oder Geldbeutel angepasst werden. Die Erbsen können durch Bohnen, Kichererbsen, klein geschnittene Pastinaken oder Kohl ersetzt werden. Servieren Sie das Gericht mit einfachem Couscous (s. S. 104), mit Reis oder knusprigem Brot.*

2–3 EL **Ghee, Smen** (s. S. 16) oder **Arganöl**; alternativ 1 EL **Olivenöl** mit 1 EL **Butter**
2 **Zwiebeln,** geschält, längs halbiert
4 **Knoblauchzehen,** geschält
2–3 cm frischer Ingwer, geschält
1–2 rote **Chilischoten,** Samen und Scheidewände entfernt
1 TL **Kreuzkümmelsamen,** angequetscht
1 TL **Koriandersamen**
2 TL **Kurkumapulver**
8–10 kleine ganze **Kartoffeln,** geschält
3–4 **Karotten,** geschält und in jeweils 3–4 Stücke geschnitten
600 ml **Gemüsebrühe**
225 g frische **Erbsen** oder TK-Ware
1 kleines Bund glattblättrige **Petersilie,** fein gehackt
1 kleines Bund **Minze,** fein gehackt
**Meersalz** und schwarzer **Pfeffer,** frisch gemahlen

**FÜR 4 PORTIONEN**

1 Ghee in einer Tajine oder Kasserolle erhitzen. Zwiebeln in Ringe schneiden, Knoblauch, Ingwer und Chilis fein hacken. Mit Kreuzkümmel- und Koriandersamen 2–3 Min. im heißen Ghee anrösten. Kurkuma, Kartoffeln und Karotten hinzufügen. Gemüsebrühe zugießen und aufkochen lassen. Deckel auflegen, Hitze reduzieren und die Tajine ca. 20 Min. leicht köcheln lassen, bis Kartoffeln und Karotten gar sind.

2 Nun Erbsen und die Hälfte der Kräuter dazugeben, mit Salz und Pfeffer abschmecken. Bei Bedarf noch etwas Wasser zugießen, Deckel wieder auflegen und die Tajine für 5–6 Min. weiter köcheln lassen.

3 Vor dem Servieren mit der restlichen Petersilie und Minze bestreuen.

# PIKANTE KAROTTEN-KICHERERBSEN-TAJINE MIT KURKUMA UND KORIANDER

***In ärmeren Gegenden werden Kichererbsen und andere Hülsenfrüchte häufig für Tajines verwendet, sie liefern nötige Proteine und Nährstoffe, wenn Fleisch zu kostspielig ist. Kombiniert mit Gemüse und Gewürzen sind herzhafte Tajines wie diese in den Straßen und Cafés von Fès und Marrakesch sehr beliebt. Frisches Fladenbrot passt gut dazu.***

2 EL **Ghee** oder **Smen** (s. S. 16); alternativ
1 EL **Olivenöl** mit 1 EL **Butter**
1 große **Zwiebel,** geschält und fein gehackt
1–2 rote **Chilischoten,** Samen und Scheidewände entfernt, in feine Streifen geschnitten
2–3 **Knoblauchzehen,** geschält und fein gehackt
2 TL **Kreuzkümmelsamen** und **Koriandersamen**
1–2 TL **Zucker**
3–4 kleine **Karotten,** geschält, längs geviertelt oder in große Stücke geschnitten
800 g **Kichererbsen** aus der Dose, abgespült und abgetropft
2 TL **Kurkumapulver**, 1 TL **Zimtpulver**
1 Bund **Koriander,** Blätter fein gehackt
**Meersalz** und schwarzer **Pfeffer,** frisch gemahlen

**FÜR 4 PORTIONEN**

1. Ghee in einer Tajine oder Kasserolle erhitzen. Zwiebel, Chilis und Knoblauch mit Kreuzkümmel- und Koriandersamen sowie Zucker 2–3 Min. im heißen Ghee rösten, bis die Zwiebel Farbe annimmt. Karotten hinzufügen und weitere 1–2 Min. braten. Nun Kichererbsen dazugeben.
2. Kurkuma und Zimt einrühren. Ausreichend Wasser zugießen, bis der Boden der Tajine bedeckt ist. Flüssigkeit aufkochen, Deckel auflegen und die Tajine 20–25 Min. sanft garen, bis die Karotten gar sind. Bei Bedarf zwischendurch noch etwas Wasser angießen.
3. Tajine mit Salz und Pfeffer abschmecken und fast den ganzen Koriander untermischen. Zum Schluss mit dem restlichen Koriander bestreuen.

# KÜRBIS-SCHALOTTEN-TAJINE MIT SULTANINEN UND GRANATAPFELSIRUP

***Variationen dieser süß-pikanten Tajine werden oft in den Restaurants von Tanger, Casablanca, Rabat und Fès serviert, wo sich der Einfluss der Franzosen, Mauren und Araber deutlich in den dortigen Speisen zeigt. Genießen Sie die Aromen dieser Tajine mit einem Zitronen- oder Kräuter-Couscous (s. S. 115 und S. 123) und einem frischen Salat (ab S. 129).***

2 EL **Olivenöl** oder **Arganöl**
4 **Knoblauchzehen,** geschält und durchgepresst
2 TL **Fenchelsamen**
8–12 **Schalotten,** geschält, je nach Größe längs halbiert
2–3 EL **Sultaninen**
1–2 TL **Harissa** (s. S. 12)
1 **Butternusskürbis,** geschält, entkernt und in mundgerechte Stücke geschnitten
2 EL **Honig**
2 EL **Granatapfelsirup** (s. S. 129)
1 kleines Bund **Koriander,** Blätter fein gehackt
**Meersalz** und schwarzer **Pfeffer,** frisch gemahlen
1–2 EL frische **Granatapfelkerne** zum Garnieren

**FÜR 4 PORTIONEN**

1 Öl in einer Tajine oder Kasserolle erhitzen. Knoblauch und Fenchelsamen darin rösten, bis sie anfangen zu duften. Schalotten dazugeben und unter Rühren 2 Min. darin erhitzen. Sultaninen hinzufügen, dann Harissa und Kürbisstücke untermischen.
2 Ausreichend Wasser zugießen, bis der Boden der Tajine bedeckt ist. Flüssigkeit aufkochen, Deckel auflegen und die Tajine 15 Min. bei mittlerer Hitze garen. Wenn der Kürbis fast gar ist, Honig und Granatapfelsirup einrühren und die Tajine weitere 10 Min. sanft köcheln lassen. Mit Salz und Pfeffer abschmecken und fast den ganzen Koriander untermischen.
3 Restlichen Koriander mit Granatapfelkernen vor dem Servieren über die Tajine streuen.

# SCHMORKARTOFFEL-TAJINE MIT ZWIEBELN, FENCHEL, SUMACH UND BALSAMESSIG

500 g neue, kleine **Bio-Kartoffeln,** gut gewaschen
2 EL **Ghee, Smen** (s. S. 16) oder **Arganöl**; alternativ 1 EL **Olivenöl** mit 1 EL **Butter**
2 **Zwiebeln,** geschält
2 **Fenchelknollen,** geputzt
4–6 **Knoblauchzehen,** mit der Schale zerdrückt
**Meersalz** und schwarzer **Pfeffer,** frisch gemahlen
2–3 EL **Balsamessig**
1–2 TL **Sumach** (Essigfrucht), 15 Min. in etwas Wasser eingeweicht; alternativ Zitronensaft
1 kleines Bund **Dill** oder glattblättrige **Petersilie**

**FÜR 4 PORTIONEN**

*Kartoffeln werden oft in der ländlichen Küche oder für „Arme-Leute"-Tajines verwendet. Dazu gesellen sich dann Zwiebeln, Knoblauch, Kräuter und Gewürze. Diese geschmorte Variante solch einer Tajine ist mit frischen Tomaten und einem Salat mit Früchten ein wahrer Genuss.*

1 Backofen auf 200 °C vorheizen.
2 Kartoffeln in einem großen Topf mit ausreichend Wasser zum Kochen bringen. 5–6 Min. garen, dann abtropfen lassen und unter kaltem Wasser abspülen. Kartoffeln mit der Schale halbieren oder in dicke Scheiben schneiden.
3 Ghee in einer Tajine oder Kasserolle erhitzen. Zwiebeln längs halbieren und in Streifen schneiden. Im heißen Ghee 3–4 Min. anschwitzen, bis sie weich sind und Farbe annehmen. Fenchel in feinen Streifen und ganze Knoblauchzehen hineingeben und weitere 2–3 Min. braten. Dann die Kartoffeln hinzufügen, mit Salz und Pfeffer abschmecken.
4 Tajine ohne Deckel in den vorgeheizten Backofen stellen und 35–40 Min. darin schmoren, bis die Kartoffeln goldbraun und leicht geröstet sind.
5 Zum Schluss Balsamessig untermischen, mit Sumach und grob gehackten Kräutern bestreuen und servieren.

2 EL **Ghee**, **Smen** (s. S. 16) oder **Arganöl**; alternativ 1 EL **Olivenöl** mit 1 EL **Butter**
3–4 cm frischer **Ingwer,** geschält und fein gehackt
2 **Zimtstangen**
8–12 kleine längliche **Schalotten,** geschält
8 **Knoblauchzehen,** geschält
1 **Yamsknolle,** geschält, in mundgerechte Stücke geschnitten
300 ml **Gemüsebrühe**
8–12 getrocknete **Pflaumen**
2 EL **Honig**
1 unbehandelte **Bio-Orange,** abgezogene Zesten und Saft
1 EL **Orangenblütenwasser**
1 kleines Bund **Minze,** Blätter fein gehackt
**Meersalz** und schwarzer **Pfeffer,** frisch gemahlen

**FÜR 4 PORTIONEN**

# YAMS-TAJINE MIT KNOBLAUCH, DÖRRPFLAUMEN UND ORANGE

***Die leicht sirupartige Tajine passt herrlich als Beilage zu anderen Tajine-Gerichten. Sie schmeckt aber auch als eigenständige Mahlzeit. Dazu können Sie dann einen frischen, knackigen Salat (ab Seite 129) servieren, um die Süße auszugleichen.***

1 Ghee in einer Tajine oder Kasserolle erhitzen. Ingwer und halbierte Zimtstangen 1–2 Min. darin anrösten. Schalotten dazugeben, unter Rühren braten, bis sie Farbe annehmen. Dann Knoblauch und Yams hinzufügen und 1–2 Min. weiterbraten.
2 Gemüsebrühe zugießen und darauf achten, dass der Boden der Tajine bedeckt ist. Flüssigkeit aufkochen, Deckel auflegen und die Hitze reduzieren. Tajine 15 Min. sanft garen lassen.
3 Entsteinte Pflaumen, Honig, Orangenzesten und -saft sowie Orangenblütenwasser hinzufügen, Deckel wieder auflegen und bei mittlerer Hitze weitere 10 Min. köcheln lassen.
4 Deckel abnehmen und die Tajine bei mittlerer Hitze weiterkochen, bis die Flüssigkeit reduziert ist und die Zutaten anfangen zu karamellisieren.
5 Zum Schluss mit Salz und Pfeffer abschmecken und fast die ganze Minze unter die Tajine mischen. Vor dem Servieren mit der restlichen Minze bestreuen.

# SÜSSKARTOFFEL-TAJINE MIT GRÜNEN OLIVEN UND ORANGENBLÜTENWASSER

*Süßkartoffeln und Yamsknollen sind beliebte Zutaten für ländliche Tajines, denn sie harmonieren mit unterschiedlichen Gewürzen, Trockenfrüchten und scharfen Würzmitteln und machen zudem schnell satt.*
*Diese ungewöhnliche Tajine aus Casablanca ist eine feine Variante mit einer zarten Note durch das Orangenblütenwasser. Sie kann im Winter heiß oder im Sommer zimmerwarm serviert werden. Dazu passen Zitronenspalten zum Auspressen. Ein scharfer Couscous ist die perfekte Beilage.*

2–3 EL **Oliven-** oder **Arganöl**
1 **Zwiebel,** geschält und grob gehackt
1 EL **Kreuzkümmelsamen**
25 g frischer **Ingwer,** geschält und fein gehackt
2–3 **Süßkartoffeln,** geschält und in mundgerechte Stücke geschnitten
½ TL geräuchertes **Paprikapulver** (z. B. Pimentón de la Vera)
8–12 entsteinte grüne **Oliven,** abgespült und gut abgetropft
1 eingelegte **Zitrone** (s. S. 16), fein gehackt
1 **Zitrone,** Saft
3–4 EL **Orangenblütenwasser**
**Meersalz** und schwarzer **Pfeffer,** frisch gemahlen
1 kleines Bund **Koriander,** fein gehackt, zum Garnieren

**FÜR 4–6 PORTIONEN**

1 Olivenöl in einer Tajine oder Kasserolle erhitzen. Zwiebel darin hellbraun anschwitzen. Kreuzkümmelsamen sowie Ingwer hinzufügen und mitbraten, bis sie anfangen zu duften. Süßkartoffeln und Paprikapulver dazugeben und gerade so viel Wasser zugießen, dass der Boden der Tajine bedeckt ist. Deckel auflegen und alles 10–15 Min. köcheln lassen, bis die Süßkartoffeln weich, aber noch nicht zerkocht sind und die Flüssigkeit reduziert ist.
2 Oliven, eingelegte Zitronenstücke, Zitronensaft und Orangenblütenwasser hinzufügen. Deckel wieder auflegen und Tajine weitere 10 Min. sanft garen.
3 Zum Schluss mit Salz und Pfeffer abschmecken und vor dem Servieren mit dem Koriander garnieren.

# KÜRBIS-APFEL-TAJINE MIT SULTANINEN UND CHERMOULA

*Chermoula wird häufig als Marinade für Fisch in Tajines und Grillgerichten verwendet. In den Küstenregionen findet man sie häufig auch als Zutat in Gemüsegerichten. Die Kombination aus Kürbis und Apfel mit der frisch-pikanten Chermoula macht diese Tajine zu einer ungewöhnlichen Beilage. Sie passt zu gegrilltem Fisch oder Gebratenem, aber auch zu Couscous.*

2 EL **Oliven-** oder **Arganöl**
700 g **Speisekürbis,** geschält und entkernt, in mundgerechte Stücke geschnitten
2 knackige **Äpfel,** geschält, vom Kerngehäuse befreit und in Scheiben oder mundgerechte Stücke geschnitten
2 EL **Sultaninen**
1 TL geräuchertes **Paprikapulver** (z. B. Pimentón de la Vera)
1 Portion **Chermoula** (s. S. 14)
**Meersalz** und schwarzer **Pfeffer,** frisch gemahlen
1 kleines Bund **Minze,** Blätter abgezupft

**FÜR 4–6 PORTIONEN**

1 Olivenöl in einer Tajine oder Kasserolle erhitzen. Kürbis für 1–2 Min. darin anbraten. Äpfel und Sultaninen hinzufügen und weitere 1–2 Min. braten, bis die Sultaninen prall und saftig werden. Mit Paprikapulver bestreuen und Chermoula einrühren. Ausreichend Wasser zugießen, damit der Boden der Tajine bedeckt ist. Flüssigkeit aufkochen, Deckel auflegen und die Tajine bei mittlerer Hitze 20–25 Min. köcheln lassen, bis das Kürbisfleisch zart ist.

2 Tajine mit Salz und Pfeffer abschmecken und mit der fein geschnittenen Minze garnieren.

# BUTTERNUSSKÜRBIS-TAJINE MIT ROSMARIN, MANDELN UND APRIKOSEN

*Diese Tajine wird auf großen Festen und privaten Feiern serviert. Wenn sie für viele Personen zubereitet wird, kommt der Butternusskürbis auf großen Backblechen in den Ofen. Für Mahlzeiten in der Familie wird er aber am besten in einer breiten Tajine zubereitet.*
*Der gebratene Kürbis kann als Beilage zu anderen Tajines gereicht werden. Er schmeckt aber auch solo mit einem scharfen Couscous.*

1 **Butternusskürbis**
2–3 EL **Oliven-, Argan-** oder **Kürbiskernöl**
2 **Knoblauchzehen,** geschält und durchgepresst
4 **Rosmarinzweige**
**Meersalz** und schwarzer **Pfeffer,** frisch gemahlen
2 EL **Mandelblättchen**
1–2 Stücke in Sirup eingelegter oder kandierter **Ingwer,** fein gehackt
6–8 getrocknete **Aprikosen** ohne Stein, fein gehackt
1–2 EL flüssiger **Honig**

**FÜR 4 PORTIONEN**

1 Backofen auf 200 °C vorheizen.
2 Butternusskürbis der Länge nach durchteilen, Kerngeflecht mit einem Löffel herauskratzen. Jede Kürbishälfte nochmals längs halbieren und die Viertel mit der Schalenseite nach unten in eine Tajine oder Kasserolle legen.
3 Kürbisfleisch mit Öl und Knoblauch einreiben. Rosmarinzweige durch die fleischigsten Stellen stechen. Wenn das Kürbisfleisch zu fest ist, vorher mit einem dünnen Holzspieß eine Öffnung hineinbohren.
4 Kürbis salzen und pfeffern, für 30–35 Min. in den vorgeheizten Backofen stellen, bis das Kürbisfleisch weich ist.
5 In der Zwischenzeit Mandelblättchen in einer Pfanne ohne Fett goldbraun rösten, bis sie angenehm duften. In einer kleinen Schüssel Mandeln mit Ingwer und Aprikosen mischen.
6 Kürbis aus dem Backofen nehmen, Mandelmischung in die Vertiefung jedes Kürbisviertels füllen und den Rest darauf verteilen. Mit Honig beträufeln, Tajine nochmals für 10 Min. in den Backofen stellen und sofort servieren.

# TAJINE MIT GEBACKENEM GEMÜSE UND EINGELEGTER ZITRONE

***Im Backofen zubereitete Tajines werden entweder in der offenen Tajine geschmort oder in traditionellen Berber-Tajines gebacken. Diese haben einen flacheren, kuppelartigen Deckel im Vergleich zur konischen Deckelform der klassischen Tajine. Das im Ofen gebackene Berber-Rezept für Gemüse der Saison feiert auf köstliche Art den Herbst.***
***Die Tajine wird heiß mit einem aufgeschichteten gebutterten Couscous (s. S. 104) serviert.***

3–4 EL **Oliven-** oder **Arganöl**
2 **Zwiebeln,** geschält, halbiert und in Ringe geschnitten
4 **Knoblauchzehen,** geschält
3–4 cm frischer **Ingwer,** geschält
2 rote **Chilischoten,** Samen und Scheidewände entfernt
2 TL **Kreuzkümmelsamen**
2 TL **Koriandersamen**
1–2 TL **Zucker**
4 **Kartoffeln,** geschält und in dicke Scheiben geschnitten
2 **Karotten,** geschält und in dicke Scheiben geschnitten
1 kleiner **Kohl,** geputzt und in dicke Scheiben geschnitten
ca. 600 ml **Gemüsebrühe**
225 g frische **Erbsen** oder TK-Ware
1 eingelegte **Zitrone** (s. S. 16), fein geschnitten
1 Bund **Minze,** fein geschnitten
1 Bund Koriander, grob gehackt
**Meersalz** und schwarzer **Pfeffer,** frisch gemahlen
6 große **Tomaten,** geputzt und in feine Scheiben geschnitten
1 EL **Butter** in Flöckchen

**FÜR 4–6 PORTIONEN**

1 Backofen auf 180 °C vorheizen.

2 Öl in einer Tajine oder Kasserolle erhitzen. Zwiebeln darin 2 Min. anschwitzen. Knoblauch, Ingwer und Chilis fein hacken. Mit Kreuzkümmel- und Koriandersamen sowie Zucker 1–2 Min. unter Rühren darin anbraten, bis die Zwiebeln leicht Farbe annehmen.

3 Kartoffeln und Karotten dazugeben, 1–2 Min. mitkochen, dann Kohl hinzufügen. So viel Gemüsebrühe zugießen, bis das Gemüse ganz bedeckt ist, und aufkochen. Deckel auflegen und die Tajine im vorgeheizten Backofen 20 Min. schmoren.

4 Erbsen und den Großteil der eingelegten Zitrone, Minze und Koriander unterrühren. Tajine mit Salz und Pfeffer abschmecken. Tomatenscheiben dachziegelartig über das Gemüse schichten und Butterflöckchen darauf verteilen. Tajine ohne Deckel nochmals für 15 Min. in den Backofen stellen, bis die Tomaten leicht gebräunt sind.

5 Tajine mit den restlichen eingelegten Zitronenstücken und dem Koriander garnieren.

# TAJINE MIT GERÖSTETEN SÜSSKARTOFFELN, INGWER, ZIMT UND HONIG

***Diese äußerst schmackhaft zubereiteten Kartoffeln sind eine ideale Beilage zu verschiedenen Grill- und Schmorgerichten. Als Hauptgericht können sie mit Knoblauch-Joghurt und knusprigem Brot serviert werden.***

***Tajine***

2 EL **Ghee;** alternativ 1 EL **Olivenöl** mit 1 EL **Butter**
4–5 cm frischer **Ingwer,** geschält und in feine Julienne geschnitten
4 **Knoblauchzehen,** geschält und in feine Julienne geschnitten
4–6 **Zimtstangen,** in Stücke gebrochen
4–6 **Süßkartoffeln,** geschält und in mundgerechte Stücke geschnitten
1–2 EL flüssiger **Honig**
**Meersalz** und schwarzer **Pfeffer,** frisch gemahlen
1 kleines Bund **Koriander,** fein gehackt, zum Garnieren

***Joghurtcreme***

400 ml dickcremiger **Joghurt**
1–2 **Knoblauchzehen,** geschält und zerstoßen
**Meersalz** und schwarzer **Pfeffer,** frisch gemahlen

**FÜR 4–6 PORTIONEN**

1 Backofen auf 200 °C vorheizen.
2 Ghee in einer Tajine oder Kasserolle zerlassen. Ingwer, Knoblauch und Zimtstangen hineingeben und 1 Min. anbraten. Süßkartoffeln unterrühren und die Tajine ohne Deckel für 45 Min. in den vorgeheizten Backofen stellen.
3 Tajine aus dem Backofen nehmen. Süßkartoffeln nochmals in der Gheemischung wenden. Mit Salz und Pfeffer würzen und mit Honig beträufeln. Für 10–15 Min. zurück in den Backofen stellen, bis die Süßkartoffeln schön weich sind und leicht karamellisieren.
4 Joghurt in einer kleinen Schüssel mit dem Knoblauch verrühren. Mit Salz und Pfeffer abschmecken.
5 Süßkartoffeln mit Koriander bestreuen und mit dem Knoblauch-Joghurt servieren.

# COUSCOUS

# GEBUTTERTER COUSCOUS

*Für viele Marokkaner bedeutet eine kleine aufgehäufelte Pyramide aus lockerem gebuttertem Couscous schlichtweg Perfektion auf dem Teller. Bei einem perfekten Couscous muss jedes einzelne Korn erkennbar sein und das Gericht verströmt den süßen, warmen Duft von Butter.*
*Fügen Sie noch Mandeln und Zimt hinzu und schon steht eines der beliebtesten Couscous-Gerichte vor Ihnen – auch wenn Sie sich bei unseren Rezepten um die zeitaufwändige Herstellung des Original-Couscous herummogeln.*

350 g **Couscous** (vorgegartes Trockenprodukt)
½ TL **Meersalz**
400 ml warmes **Wasser**
2 EL **Sonnenblumen-** oder **Olivenöl**
25 g **Butter,** klein gewürfelt

***Garnitur nach Geschmack***
15 g **Butter**
2–3 EL blanchierte **Mandeln** (s. S. 23), halbiert
1–2 TL **Zimtpulver**

**FÜR 4 PORTIONEN**

1 Backofen auf 180 °C (Gas Stufe 4) vorheizen.
2 Couscous in eine feuerfeste Form geben. Salz im Wasser auflösen und darübergießen. Einmal umrühren, damit alle Körner vom Wasser bedeckt sind. Form mit einem sauberen Küchentuch abdecken und den Couscous 10 Min. quellen lassen.
3 Couscous mit einer Gabel auflockern, Öl mit den Fingern einarbeiten, Körner hochnehmen und zurück in die Form fallen lassen, damit der Couscous locker und körnig wird. Butter auf dem Couscous verteilen und die Auflaufform mit einem gut angefeuchteten Stück Backpapier abdecken. Für 15 Min. in den vorgeheizten Backofen stellen, damit der Couscous gut durchwärmen kann.
4 In der Zwischenzeit die Mandeln vorbereiten, falls sie verwendet werden: Butter dazu in einem schweren Topf zerlassen. Mandeln einrühren und bei mittlerer Hitze goldbraun rösten. Auf Küchenpapier abtropfen lassen.
5 Couscous aus dem Backofen nehmen und die Körner nochmals mit einer Gabel auflockern. Dann auf eine Platte geben und zu einer Pyramide aufschichten. Nach Geschmack Mandeln darüberstreuen und um die Pyramide herum verteilen. Zimt zwischen den Fingern zerreiben, Pyramidenspitze oder -seiten damit bestäuben und sofort servieren.

# COUSCOUS MIT KURKUMA UND INGWER

*Sie können diesen Couscous beliebig scharf würzen, indem Sie einfach mehr Chili oder Ingwer dazugeben. Er passt sowohl zu süßen als auch zu scharfen Tajines. Zusammen mit etwas dickcremigem Joghurt und einem Früchte-Chutney (s. S. 119) ist er eine vollständige Mahlzeit. Auch mit eingelegtem Gemüse ist er sehr lecker.*

500 g **Couscous** (vorgegartes Trockenprodukt)
1 TL **Meersalz**
600 ml warmes **Wasser**
2 EL **Ghee** oder **Arganöl**; alternativ 1 EL **Olivenöl** mit 1 EL **Butter**
3–4 cm frischer **Ingwer,** geschält
1 rote **Chilischote,** Samen und Scheidewände entfernt
2 TL **Kurkumapulver**
1 kleines Bund **Koriander,** fein gehackt
**Meersalz** und schwarzer **Pfeffer,** frisch gemahlen

**FÜR 4–6 PORTIONEN**

1 Couscous in eine feuerfeste Form geben. Salz im Wasser auflösen und darübergießen. Einmal umrühren, damit alle Körner vom Wasser bedeckt sind. Form mit einem sauberen Küchentuch abdecken und den Couscous 10 Min. quellen lassen. Die Körnchen mit einer Gabel auflockern.

2 Ghee in einem schweren Topf erhitzen. Ingwer und Chili fein hacken, 2–3 Min. im heißen Ghee anbraten, bis sie etwas Farbe annehmen. Kurkuma und Couscous untermischen. Fast den ganzen Koriander hinzufügen und mit Salz und Pfeffer abschmecken.

3 Couscous in eine Servierschale geben und mit dem restlichen Koriander garnieren.

# COUSCOUS MIT GESCHMORTEM FENCHEL, ZUCCHINI UND ORANGEN

*Couscous mit gekochtem Gemüse kann als Beilage oder als Hauptgericht serviert werden. Leuchtendes Orange und Grün, eine Explosion von Zitrusaromen – dieser Couscous ist eine farbenfrohe und zugleich erfrischende Beilage zu Tajines und Grillgerichten.*

500 g **Couscous** (vorgegartes Trockenprodukt)
½ TL **Meersalz**
600 ml warmes **Wasser**
4 EL **Olivenöl**
50 g **Butter,** klein gewürfelt
2 **Fenchelknollen**
1 **Zucchino**
1–2 TL **Anissamen**
2 unbehandelte **Bio-Orangen,** davon Saft, Schalenabrieb nur von einer
1 EL flüssiger **Honig**
1 EL **Orangenblütenwasser**
**Meersalz** und schwarzer **Pfeffer,** frisch gemahlen

**FÜR 4 PORTIONEN**

1 Backofen auf 180 °C vorheizen.
2 Couscous zubereiten wie auf S. 104 in den Zubereitungsschritten zwei und drei beschrieben.
3 Fenchelknollen putzen, äußere Blätter entfernen und Fenchel vierteln. Enden des Zucchino abschneiden, Zucchino halbieren und der Länge nach in Streifen schneiden.
4 Restliches Öl in einer Tajine oder Kasserolle erhitzen. Anissamen und Orangenschale darin anrösten, bis sie anfangen zu duften.
5 Fenchel hinzufügen und Orangensaft zugießen. Deckel auflegen und den Fenchel 3–4 Min. sanft garen.
6 Zucchino mit restlicher Butter untermischen. Mit Salz und Pfeffer abschmecken, mit Honig beträufeln. Deckel wieder auflegen und weitere 3–4 Min. kochen, bis Fenchel und Zucchino weich sind. Restliche Flüssigkeit bei offenem Deckel 3–4 Min. einkochen, bis sie leicht karamellisiert. Orangenblütenwasser zuletzt über dem Gemüse verteilen.
7 Couscous auf einer flachen Servierplatte zur Pyramide aufschichten, Gemüse rundherum verteilen. Mit dem Jus beträufeln und servieren.

# COUSCOUS MIT SIEBENERLEI GEMÜSE

***Dieser Klassiker wird im gesamten Maghreb gern gegessen, er variiert nach Region und Jahreszeit. Sieben ist eine Glückszahl. Solange Sie also sieben Gemüsesorten dafür verwenden, lassen sich diese beliebig variieren. Wenn Sie eine Couscousière besitzen, können Sie den Couscous darin über dem Gemüse kochen, das in der Brühe darunter gart.***

***Couscous***

500 g **Couscous** (vorgegartes Trockenprodukt)
1 TL **Meersalz**
600 ml warmes **Wasser**
2 EL **Sonnenblumenöl**
25 g **Butter,** klein gewürfelt

***Gemüse***

1½ l **Gemüsebrühe**
6 **Knoblauchzehen,** geschält und zerstoßen
2 **Lorbeerblätter**
einige **Rosmarinzweige**
6–8 **Pfefferkörner**
1 TL **Salz**
2 **Zwiebeln,** geschält und geviertelt
2 **Karotten,** geschält, längs halbiert und in lange dicke Streifen geschnitten
2 **Süßkartoffeln,** geschält, längs halbiert und in lange dicke Streifen geschnitten
1 kleiner **Kürbis,** geschält, entkernt und in lange dicke Streifen geschnitten
3 Stangen **Staudensellerie,** geputzt und in 3 Stücke geschnitten
2–3 Stangen **Lauch,** geputzt und in 3–4 Abschnitte geteilt
2–3 **Tomaten,** geputzt und geviertelt
2 TL flüssiger **Honig**
1 EL **Harissa** (s. S. 12)
**Meersalz** und schwarzer **Pfeffer,** frisch gemahlen

**FÜR 6 PORTIONEN**

1 Backofen auf 180 °C vorheizen.

2 Couscous in eine feuerfeste Form geben. Salz im Wasser auflösen und darüber gießen. Einmal umrühren, damit alle Körner vom Wasser bedeckt sind. Form mit einem sauberen Küchentuch abdecken und den Couscous 10 Min. quellen lassen.

3 In der Zwischenzeit Gemüsebrühe in einem großen Topf aufkochen lassen. Knoblauch, Lorbeerblätter, Rosmarin, Pfefferkörner und Salz hineingeben. Zwiebeln, Karotten, Süßkartoffeln und Kürbis hinzufügen und 10 Min. kochen lassen. Zum Schluss Sellerie und Lauch untermischen. Deckel auflegen und das Gemüse 10–15 Min. sanft köcheln lassen. Mit Salz und Pfeffer abschmecken. Nun Tomaten, Honig und 1 TL Harissa unterrühren.

4 Couscous mit einer Gabel auflockern, Öl mit den Fingern einarbeiten, Körner hochnehmen und zurück in die Form fallen lassen, damit der Couscous locker und körnig wird. Butter auf dem Couscous verteilen und die Auflaufform mit einem gut angefeuchteten Stück Backpapier abdecken. Für 10–15 Min. in den vorgeheizten Backofen stellen, damit der Couscous gut durchwärmen kann.

5 Couscous auf einer flachen Servierplatte aufschichten. Mit einem Schaumlöffel Gemüse aus der Brühe heben und rund um den Couscous verteilen. Brühe in eine Schüssel oder Saucière füllen, restliches Harissa in eine kleine Schale geben und beides dazu servieren.

# COUSCOUS MIT TROCKENFRÜCHTEN UND NÜSSEN

***Diese imposant aufgehäufelte Couscous-Pyramide ist ein großartiges Hauptgericht. Sie können die Trockenzutaten austauschen, aber achten Sie darauf, dass der Couscous seinen nussig-fruchtigen Geschmack behält. Servieren Sie ihn als Hauptgang mit Joghurt oder als Beilage zu Gegrilltem und Gebratenem.***

500 g **Couscous** (vorgegartes Trockenprodukt)
1 TL **Meersalz**
1 Prise **Safranfäden**
600 ml warmes **Wasser**
3 EL **Sonnenblumenöl**
2 EL **Ghee** oder **Smen** (s. S. 16); alternativ 1 EL **Olivenöl** mit 1 EL **Butter**
2 EL blanchierte **Mandelsplitter** (s. S. 23)
1 EL ungesalzene **Pistazien,** geschält
1 EL **Pinienkerne**
120 g getrocknete **Aprikosen** ohne Stein, in Streifen geschnitten
120 g getrocknete **Datteln** ohne Stein, gehackt
2 EL **Sultaninen**
2 TL **Zimtpulver**
3 EL **Puderzucker**

**FÜR 4–6 PORTIONEN**

1 Backofen auf 180 °C vorheizen.
2 Couscous in eine feuerfeste Form geben. Wasser salzen und darübergießen. Einmal umrühren, damit alle Körner vom Wasser bedeckt sind. Form mit einem sauberen Küchentuch abdecken und den Couscous 10 Min. quellen lassen.
3 Couscous mit einer Gabel auflockern, Öl mit den Fingern einarbeiten, Körner hochnehmen und zurück in die Form fallen lassen, damit der Couscous locker und körnig wird.
4 Ghee in einer Kasserolle erhitzen und fast alle Mandelsplitter 1–2 Min. darin anrösten. Pistazien, Pinienkerne und Trockenfrüchte hinzufügen und weitere 1–2 Min. rösten. Mischung unter den Couscous heben und die Form mit einem gut angefeuchteten Stück Backpapier abdecken. Für 15 Min. in den vorgeheizten Backofen stellen, damit der Couscous gut durchwärmen kann.
5 Couscous auf einer flachen Servierplatte aufschichten, Zimt und Zucker in abwechselnden Streifen aufstreuen. Restliche Mandelsplitter rösten und über den Couscous streuen, mit einigen davon die Spitze dekorieren.

# COUSCOUS-TFAYA

***Traditionelles Tfaya besteht unter anderem aus Zwiebeln, Safran und Sultaninen oder Korinthen. Natürlich passen auch andere Zutaten, aber die einfache Variante benötigt eigentlich keine weitere Ergänzung. Tfaya wertet jeden einfachen Couscous auf und kann auch zu den allermeisten Tajines serviert werden.***

**Couscous**
350 g **Couscous**
(vorgegartes Trockenprodukt)
1 TL **Meersalz**
400 ml warmes **Wasser**
25 g **Butter,** fein gewürfelt

***Tfaya***
2–3 EL **Ghee** oder **Smen**
(s. S. 16); alternativ 1 EL **Olivenöl**
mit 1 EL **Butter**
4 **Zwiebeln,** geschält und in feine Ringe geschnitten
50 g frischer **Ingwer,** geschält und gehackt
4 **Zimtstangen,** in der Mitte halbiert
2 EL **Sultaninen**
1 TL **Safranfäden,**
in 4 EL Wasser eingeweicht
2 EL **Honig**
**Meersalz** und schwarzer **Pfeffer,** frisch gemahlen
1 Bund **Koriander,**
fein gehackt zum Garnieren (ersatzweise Gartenkresse, siehe Foto)

**FÜR 4 PORTIONEN**

1 Backofen auf 180 °C vorheizen.
2 Couscous in eine feuerfeste Form geben. Salz im Wasser auflösen und darüber gießen. Einmal umrühren, damit alle Körner vom Wasser bedeckt sind. Form mit einem sauberen Küchentuch abdecken und den Couscous 10 Min. quellen lassen.
3 Couscous mit einer Gabel auflockern, Öl mit den Fingern einarbeiten, Körner hochnehmen und zurück in die Form fallen lassen, damit der Couscous locker und körnig wird. Butter auf dem Couscous verteilen und die Auflaufform mit einem gut angefeuchteten Stück Backpapier abdecken. Für 15 Min. in den vorgeheizten Backofen stellen, damit der Couscous gut durchwärmen kann.
4 In der Zwischenzeit Ghee in einer Tajine oder Kasserolle erhitzen. Zwiebeln, Ingwer und Zimtstangen 2–3 Min. darin anrösten. Sultaninen und Safran mitsamt Einweichwasser dazugeben, Deckel auflegen und 8–10 Min. sanft garen. Mit Salz und Pfeffer abschmecken, Honig untermischen und das Tfaya 5 Min. köcheln lassen.
5 Couscous auf einer flachen Servierplatte aufschichten. In die Spitze eine Mulde drücken, das Tfaya hineinlöffeln. Vor dem Servieren mit Koriander oder Kresse garnieren.

# ZITRONEN-COUSCOUS MIT GERÖSTETEM GEMÜSE UND LIMETTE

*Das Gemüse kann entweder im Backofen geröstet oder in mundgerechten Stücken auf Metallspießen über dem Grill gegart werden. Ideal sind Gemüsepaprika, Auberginen, Zucchini, Schalotten und Kirschtomaten, aber Sie können ebenso gut Gemüse der Saison verwenden. Servieren Sie das Gericht mit etwas Joghurt oder Buttermilch. Chutney, Relish oder ein knackiger Salat passen gut dazu.*

***Röstgemüse***

8 **Baby-Auberginen,** geputzt, längs halbiert, mit Stiel
2 **Zucchini,** geputzt, halbiert und längs geviertelt
2 **Gemüsepaprika,** Samen entfernt, längs geviertelt
4 **Knoblauchzehen,** geschält und längs geviertelt
4–5 cm frischer **Ingwer,** geschält und in dünne, lange Streifen geschnitten
1–2 TL **Zucker** oder **Honig**
1–2 TL getrocknete **Chilischote,** fein zerbröselt
100 ml **Olivenöl**
**Meersalz**

**Couscous**

500 g **Couscous** (vorgegartes Trockenprodukt)
½ TL **Meersalz**
600 ml warmes **Wasser**
1–2 EL **Olivenöl**
1 eingelegte **Zitrone** (s. S. 16), fein gehackt
1 EL **Butter,** fein gewürfelt
2 **Limetten,** geviertelt

**FÜR 4–6 PORTIONEN**

1 Backofen auf 200 °C vorheizen.

2 Gemüse mit Knoblauch und Ingwer in eine feuerfeste Form geben. Mit Zucker und Chili gut vermischen. Öl darüberträufeln, mit wenig Salz bestreuen und die Form 50 Min. in den vorgeheizten Backofen stellen. Zwischendurch immer wieder umrühren, bis das Gemüse zart und leicht gebräunt ist.

3 In der Zwischenzeit Couscous in eine feuerfeste Form geben. Wasser salzen und darübergießen. Einmal umrühren, damit alle Körner vom Wasser bedeckt sind. Form mit einem sauberen Küchentuch abdecken und den Couscous 10 Min. quellen lassen.

4 Couscous mit einer Gabel auflockern, Öl mit den Fingern einarbeiten, Körner hochnehmen und zurück in die Form fallen lassen, damit der Couscous locker und körnig wird. Eingelegte Zitronenstücke untermischen und Butter auf dem Couscous verteilen. Auflaufform mit einem gut angefeuchteten Stück Backpapier abdecken. Für 15 Min. in den vorgeheizten Backofen stellen, damit der Couscous gut durchwärmen kann.

5 Vor dem Servieren Couscous auf einer flachen Servierplatte aufschichten. Eine Mulde in die Spitze drücken, geröstetes Gemüse an den Seiten oder die Spieße darauf verteilen. Geröstetes Öl darüberlöffeln, Limettenspalten zum Auspressen dazu reichen.

# SAFRAN-COUSCOUS MIT GERÖSTETEM KOKOS UND PISTAZIEN

***Einfach, leicht und aromatisch – perfekt, um zwischen zwei Gängen serviert zu werden und den Gaumen nach scharfen Gerichten zu beruhigen. Er kann zusammen mit Salaten und Dips als Vorspeise oder als Beilage zu gegrilltem oder geschmortem Gemüse serviert werden.***

350 g **Couscous** (vorgegartes Trockenprodukt)
½ TL **Meersalz**
1 Prise **Safranfäden**
400 ml warmes **Wasser**
3 EL **Kokosraspel**
2 EL **Olivenöl**
schwarzer **Pfeffer,** frisch gemahlen
25 g **Butter,** klein gewürfelt
1–2 EL **Pistazien,** fein gemahlen

**FÜR 4 PORTIONEN**

1 Den Backofen auf 180 °C vorheizen.

2 Couscous in eine feuerfeste Form geben. Salz und Safran im Wasser auflösen und darübergießen. Einmal umrühren, damit alle Körner vom Wasser bedeckt sind. Form mit einem sauberen Küchentuch abdecken und den Couscous 10 Min. quellen lassen.

3 Inzwischen die Kokosraspel in einer kleinen beschichteten Pfanne rösten, bis sie goldbraun sind und nussig duften.

4 Couscous mit einer Gabel auflockern, Öl mit den Fingern einarbeiten, Körner hochnehmen und zurück in die Form fallen lassen, damit der Couscous locker und körnig wird. Geröstete Kokosraspel untermischen und mit Pfeffer würzen. Butter auf dem Couscous verteilen und die Auflaufform mit einem gut angefeuchteten Stück Backpapier abdecken. Für 15 Min. in den vorgeheizten Backofen stellen, damit der Couscous gut durchwärmen kann.

5 Vor dem Servieren den Couscous auf einer flachen Servierplatte aufschichten. Eine Mulde in die Spitze drücken, Pistazien hineinstreuen oder dekorativ auf der Couscous-Pyramide verteilen.

# COUSCOUS MIT SCHARFEM APRIKOSEN-CHUTNEY UND HALLOUMI

**Chutney**
225 g getrocknete **Aprikosen** ohne Stein, fein gehackt
1 säuerlicher **Apfel,** geschält, vom Kerngehäuse befreit und fein gewürfelt
1 **Zwiebel,** geschält und fein gehackt
2–3 **Knoblauchzehen,** geschält und fein gehackt
1 EL frischer **Ingwer,** geschält und gerieben
1 EL **Sultaninen**
2 **Zimtstangen**
1 unbehandelte **Bio-Zitrone,** Saft und abgeriebene Schale
150 ml **Weißweinessig**
1 Prise **Chilipulver**
120 g + 1 EL **Kristallzucker**
1 EL **Honig**
2–3 EL **Orangenblütenwasser**

**Couscous**
350 g **Couscous** (vorgegartes Trockenprodukt)
1 TL **Meersalz**
400 ml warmes **Wasser**
25 g **Butter,** klein gewürfelt

2–3 EL **Sonnenblumenöl**
225 g **Halloumi,** in feine Scheiben geschnitten
1 kleines Bund **Koriander,** fein gehackt, zum Garnieren

**FÜR 4 PORTIONEN**

***Couscous wird in Marokko als Hauptspeise geschätzt, er kann aber auch als ausgefallener Imbiss serviert werden. Hier wird Couscous vom Vortag mit einem scharfen Chutney würzig aufgepeppt und mit Halloumi – einem zyprischen Käse zum Braten und Grillen aus Kuh-, Ziegen- und Schafsmilch – ergänzt.***

1 Backofen auf 180 °C vorheizen.

2 Für das Chutney alle Zutaten außer Honig und Orangenblütenwasser in eine Tajine oder Kasserolle geben. Unter ständigem Rühren aufkochen lassen, Deckel auflegen und das Chutney 20–25 Min. leicht köcheln lassen. Immer wieder umrühren, bis die Mischung dicklich einkocht. Bei Bedarf etwas Wasser unterrühren.

3 In der Zwischenzeit Couscous in eine feuerfeste Form geben. Salz im Wasser auflösen und darübergießen. Einmal umrühren, damit alle Körner vom Wasser bedeckt sind. Form mit einem sauberen Küchentuch abdecken und den Couscous 10 Min. quellen lassen.

4 Couscous mit einer Gabel auflockern, Öl mit den Fingern einarbeiten, Körner hochnehmen und zurück in die Form fallen lassen, damit der Couscous locker und körnig wird. Butter auf dem Couscous verteilen und die Auflaufform mit einem gut angefeuchteten Stück Backpapier abdecken. Für 15 Min. in den vorgeheizten Backofen stellen, damit der Couscous gut durchwärmen kann.

5 Honig und Orangenblütenwasser in das Chutney rühren, weitere 5–10 Min. sanft köcheln lassen, bis es eine dickliche Konsistenz hat und aromatisch duftet. Mit Salz abschmecken.

6 Sonnenblumenöl in einer Pfanne erhitzen, Käsescheiben darin auf jeder Seite 3–4 Min. goldbraun braten. Halloumi auf Küchenpapier abtropfen lassen.

7 Couscous auf einer flachen Servierplatte aufschichten. In die Spitze eine Mulde drücken, Chutney hineinlöffeln, mit Koriander bestreuen und mit dem Käse sofort servieren.

# HARISSA-COUSCOUS MIT PINIENKERNEN UND SPIEGELEIERN

*Dieser wohlschmeckende Imbiss ist bei Arbeitern in den Markt- und Hafencafés sehr beliebt. Er wird als spätes Frühstück oder als schneller scharfer Snack am späten Abend serviert. Wenn Sie daraus eine vollständige Mahlzeit zaubern wollen, ersetzen Sie die Eier durch eine Ei-Tajine oder reichen Sie dazu eingelegte Chilischoten und einen Salat mit Joghurt-Dressing.*

350 g **Couscous** (vorgegartes Trockenprodukt)
1 TL **Meersalz**
400 ml warmes **Wasser**
1–2 EL **Pinienkerne**
2 EL **Ghee**; alternativ 1 EL **Olivenöl** mit 1 EL **Butter**
2 TL **Harissa** (s. S. 12)
1 kleines Bund glattblättrige **Petersilie,** fein gehackt
4 **Eier**
**Meersalz** und schwarzer **Pfeffer,** frisch gemahlen

**FÜR 4 PORTIONEN**

1 Couscous in eine feuerfeste Form geben. Salz im Wasser auflösen und darübergießen. Einmal umrühren, damit alle Körner vom Wasser bedeckt sind. Form mit einem sauberen Küchentuch abdecken und den Couscous 10 Min. quellen lassen.

2 Pinienkerne ohne Fett in einem schweren Topf oder im Unterteil einer Tajine goldbraun rösten.

3 Die Hälfte des Ghee zu den Pinienkernen geben und schmelzen lassen, dann Harissa dazugeben. Couscous gründlich untermischen.

4 Couscous mit Salz und Pfeffer würzen, die Hälfte der Petersilie unterheben, Deckel auflegen und den Couscous warm halten.

5 Restliches Ghee in einer Pfanne erhitzen, Eier darin bei aufgelegtem Deckel braten, bis das Eiweiß gerade gestockt ist.

6 Couscous auf einer flachen Servierplatte aufschichten, Spiegeleier darauf anrichten. Mit der restlichen Petersilie bestreuen und servieren.

# GRÜNER COUSCOUS MIT FETA UND MINZE

***Dieses ideale Sommergericht kann mit jedem jungen grünen Gemüse der Saison zubereitet werden. Auch Artischocken, Kohl und Spargel, eignen sich.***

***Couscous***

500 g **Couscous**
(vorgegartes Trockenprodukt)
½ TL **Meersalz**
600 ml warmes **Wasser**
1–2 EL **Olivenöl**
1 kleines Bund glattblättrige **Petersilie,** fein gehackt
1 kleines Bund **Dill,** Spitzen fein gehackt
1 großes Bund **Minze,** Blätter fein gehackt
1 EL **Butter,** in Flöckchen zerteilt

***Brühe***

1 l **Gemüsebrühe**
250 g **Brokkoli,** geputzt und in kleine Röschen geteilt
1 **Zucchino,** geputzt und in mundgerechte Stücke geschnitten
1 grüne **Gemüsepaprika,** Samen entfernt, in mundgerechte Stücke geschnitten
250 g dicke **Bohnen** (Saubohnen), gepahlt
6–8 **Lauchzwiebeln,** geputzt und in 2 cm große Stücke geschnitten
250 g frische **Erbsen** oder TK-Ware
**Meersalz** und schwarzer **Pfeffer,** frisch gemahlen
150 g **Feta,** zerkrümelt
**Paprikapulver** zum Bestäuben

**FÜR 4–6 PORTIONEN**

1 Backofen auf 200 °C vorheizen.

2 Couscous in eine feuerfeste Form geben. Wasser salzen und darübergießen. Einmal umrühren, damit alle Körner vom Wasser bedeckt sind. Form mit einem sauberen Küchentuch abdecken und den Couscous 10 Min. quellen lassen.

3 Couscous mit einer Gabel auflockern, Öl mit den Fingern einarbeiten, Körner hochnehmen und zurück in die Form fallen lassen, damit der Couscous locker und körnig wird. Fast alle gehackten Kräuter untermischen, einige beiseitelegen. Butterflocken auf dem Couscous verteilen und die Auflaufform mit einem gut angefeuchteten Stück Backpapier abdecken. Für 15 Min. in den vorgeheizten Backofen stellen, damit der Couscous gut durchwärmen kann.

4 Inzwischen die Gemüsebrühe vorbereiten: Brühe in einem schweren Topf aufkochen lassen. Brokkoli, Zucchini, Paprika und Bohnen hineingeben, bei mittlerer Hitze 3–4 Min. garen. Frühlingszwiebeln und Erbsen hinzufügen, 2–3 Min. weitergaren, bis das Gemüse schon zart, aber noch bissfest ist. Mit Salz und Pfeffer abschmecken.

5 Couscous auf einer flachen Servierplatte zur einer Halbkugel formen. Eine Mulde oben eindrücken, Gemüse mit einem Schaumlöffel hineinfüllen und um den Couscous herum verteilen. Couscous mit etwas Brühe beträufeln, Feta und restliche Petersilie darauf verteilen und mit Paprikapulver bestäuben.

6 Restliche Brühe in einer Schüssel dazu reichen. Sie kann nach Belieben über den Couscous gelöffelt werden.

# ZITRONEN-ORANGEN-COUSCOUS MIT WALNÜSSEN UND GRANATAPFELKERNEN

***Leicht und mit einer feinen Zitrusnote kann dieses wohlschmeckende Couscous-Gericht gut zu honigsüßen Tajines serviert werden. Es schmeckt jedoch auch kalt als Salat mit einigen fein gehackten Kräutern und leichtem Ingwer-Dressing.***

500 g **Couscous** (vorgegartes Trockenprodukt)
½ TL **Meersalz**
600 ml warmes **Wasser**
2 große unbehandelte **Bio-Orangen**
1 unbehandelte **Bio-Zitrone,** Saft und Schalenabrieb
1–2 EL **Olivenöl**
120 g **Walnusskerne,** ohne Fett geröstet und grob gehackt
1 **Granatapfel,** Kerne ohne Häutchen
**Meersalz** und schwarzer **Pfeffer,** frisch gemahlen
1 kleines Bund glattblättrige **Petersilie,** grob gehackt

**FÜR 4–6 PORTIONEN**

1 Backofen auf 180 °C vorheizen.
2 Couscous in eine feuerfeste Form geben. Salz im Wasser auflösen und darübergießen. Einmal umrühren, damit alle Körner vom Wasser bedeckt sind. Form mit einem sauberen Küchentuch abdecken und den Couscous 10 Min. quellen lassen.
3 In der Zwischenzeit mit einem scharfen Messer Schale und weiße Haut einer Orange entfernen. Filets aus den Trennhäuten herausheben, sechs bis acht beiseitelegen und die restlichen halbieren. Schale der zweiten Orange abreiben, Saft aus der Frucht pressen. Zitronen- und Orangenschalenabrieb vermischen, Zitronen- und Orangensaft separat verrühren.
4 Couscous mit einer Gabel auflockern, Öl mit den Fingern einarbeiten, Körner hochnehmen und zurück in die Form fallen lassen, damit der Couscous locker und körnig wird. Zitrusschalen daruntermischen. Auflaufform mit einem gut angefeuchteten Stück Backpapier abdecken. Für 10 Min. in den vorgeheizten Backofen stellen, damit der Couscous gut durchwärmen kann.
5 Form aus dem Ofen nehmen, Zitronen- und Orangensaft sowie halbierte Orangenfilets, Walnüsse und die Hälfte der Granatapfelkerne untermischen. Couscous mit Salz und Pfeffer abschmecken, mit Backpapier abdecken und für weitere 10 Min. in den Ofen stellen.
6 Couscous auf einer flachen Servierplatte aufschichten. Mit Petersilie bestreuen, mit ganzen Orangenfilets und Granatapfelkernen garnieren, sofort servieren.

S.A.R.
ite Issen - Commun rurale Eddir
Ouled

# SALATE, EINGELEGTES & EIN-GEMACHTES

# TOMATEN-WALNUSS-SALAT MIT PETERSILIE UND GRANATAPFELSIRUP

*Salate mit Petersilie oder gemischten Kräutern sind eine beliebte Beilage zu Tajines, denn sie nehmen die Schärfe und bringen Frische ins Spiel. Das Dressing für diesen Salat besteht lediglich aus dem dicklichen, dunklen, säuerlichen Sirup unreifer Granatäpfel, der in Läden mit türkischen und nordafrikanischen Lebensmitteln angeboten wird. Ersatzweise können Sie den Saft einer ½ Zitrone mit 1 EL kräftigem Balsamessig zu einem Dressing verrühren. Dazu reichen Sie geröstetes Fladenbrot oder einen Dip.*

1 großes Bund glattblättrige **Petersilie**
2–3 EL **Walnusskerne**
2–3 **Tomaten**
1–2 grüne **Chilischoten,** Samen und Scheidewände entfernt
1 rote **Zwiebel,** geschält und fein gewürfelt
2 EL **Granatapfelsirup**
**Meersalz**

**FÜR 4 PORTIONEN**

1 Petersilienstiele und -blätter hacken – nicht zu fein, nicht zu grob – und in eine flache Schale geben. Walnüsse hacken – wiederum nicht zu fein, nicht zu grob, damit sie noch Biss haben – und zur Petersilie geben.

2 Tomaten kreuzweise am Blütenansatz einschneiden und in einem Topf mit kochendem Wasser 2–3 Min. überbrühen. Abtropfen lassen und unter kaltem Wasser abspülen, damit sich die Haut löst. Tomaten häuten und vierteln, Kerne herauskratzen. Tomaten grob und Chilis fein hacken. Mit den Zwiebelwürfeln in die Schüssel geben.

3 Salat mit Granatapfelsirup beträufeln und mit Salz kräftig abschmecken. Salat 15–20 Min. stehen lassen, damit sich die Aromen verbinden können.

4 Vor dem Servieren den Salat kurz durchmischen.

# ORANGEN-DATTEL-SALAT MIT CHILI-SCHOTEN UND EINGELEGTER ZITRONE

***Der aromatische Salat ist ein Genuss für Augen und Gaumen.***

3–4 reife süße **Orangen**
150 g weiche, getrocknete **Datteln** ohne Stein, in feine Streifen geschnitten
2–3 EL **Orangenblütenwasser**
½ eingelegte **Zitrone** (s. S. 16)
1 rote **Chilischote,** Samen und Scheidewände entfernt

**FÜR 4 PORTIONEN**

1 Orangen mit einem scharfen Messer schälen, dabei die weiße Haut mit entfernen. Orangen auf einen Teller legen, um den Saft aufzufangen, und in dünne Scheiben oder Halbmonde schneiden. Kerne entfernen und die Orangen mit Saft in eine flache Schale geben.

2 Dattelstreifen auf den Orangen verteilen. Orangenblütenwasser darüberträufeln, Schüssel abdecken und den Salat 15 Min. durchziehen lassen.

3 Eingelegte Zitrone halbieren, Fruchtfleisch, Kerne und weiße Haut entfernen. Zitrusschale sehr fein schneiden und mit fein gehackter Chili über die Orangen und Datteln streuen. Vor dem Servieren kurz durchmischen.

# TOMATEN-SALAT MIT GRÜNEM CHILI UND KORIANDER

***Erfrischende Beilage mit spritzigem Zitronen- und Chili-Kick.***

4–6 große **Tomaten**
2 grüne **Chilischoten,** Samen und Scheidewände entfernt
½ eingelegte **Zitrone** (s. S. 16), fein geschnitten
1–2 EL **Oliven-** oder **Arganöl**
1 kleines Bund **Koriander,** fein gehackt

**FÜR 4 PORTIONEN**

1 Tomaten waschen und den Strunk enfernen. Tomaten in feine Scheiben schneiden und in einer flachen Schüssel anrichten.

2 Chilis fein hacken und mit den eingelegten Zitronenstücken über die Tomaten streuen. Mit Öl beträufeln und mit Koriander bestreuen.

## APRIKOSEN-APFEL-SALAT MIT JOGHURT UND MINZE

*Der Salat passt als Vorspeise oder als frische Beilage zu einer scharfen Tajine oder einem würzigen Couscous. Für eine typische Mahlzeit können Sie den Salat mit einem marokkanischen Chutney oder eingelegten Chilis zu einer feurigen Bohnen- oder Linsen-Tajine (s. S. 76 und 79) servieren.*

1 knackiger grüner **Apfel**
1 **Zitrone,** Saft
6–8 EL dickcremiger **Joghurt**
2 **Knoblauchzehen,** geschält und zerstoßen
1 kleines Bund **Minze,** Blätter fein geschnitten
**Meersalz** und schwarzer **Pfeffer,** frisch gemahlen
150 g getrocknete **Aprikosen** ohne Stein, in dünne Streifen geschnitten

**FÜR 4 PORTIONEN**

1 Apfel schälen, vom Kerngehäuse befreien und in Stifte schneiden, die ungefähr die Größe der Aprikosenstreifen haben. Apfelstifte im Zitronensaft wenden, damit sie sich nicht verfärben.
2 In einer Schüssel Joghurt und Knoblauch verrühren. Fast die ganze Minze darauf verteilen, mit Salz und Pfeffer abschmecken.
3 Aprikosen und Apfel mitsamt Saft unter den Joghurt mischen, restliche Minze darüber streuen.

## BOHNEN-KAROTTEN-SALAT MIT EINGELEGTER ZITRONE

*Der delikate, frisch-aromatische Salat ist genau das Richtige für Frühjahr oder Frühsommer, wenn die Dicken Bohnen jung und zart sind. Einfach und lecker ist er ideal als Beilage zu verschiedenen Vorspeisen. Er passt auch gut zu einer Tajine mit Trockenfrüchten (s. S. 64 und 91) oder Honig (s. S. 101).*

450 g frische dicke **Bohnen** (Saubohnen)
2–3 **Karotten,** geschält und in dünne Scheiben geschnitten
1 rote **Zwiebel,** geschält und in feine Ringe geschnitten oder 2 kleine rote **Zwiebeln** geschält und geachtelt
1 eingelegte **Zitrone,** in feine Scheiben geschnitten
1 kleines Bund glattblättrige **Petersilie,** fein gehackt
2 EL **Oliven-** oder **Arganöl**
1 **Zitrone,** Saft
2 **Knoblauchzehen,** geschält und zerstoßen
1 TL **Kreuzkümmelsamen,** zerstoßen
**Meersalz** und schwarzer **Pfeffer,** frisch gemahlen

**FÜR 4 PORTIONEN**

1 Wasser in einem Topf zum Kochen bringen, Bohnen hineingeben und 3–4 Min. kochen lassen. Abgießen und unter kaltem Wasser abschrecken, damit sich die Haut besser von den größeren Exemplaren löst.
2 Gehäutete Bohnenkerne mit Karotten und Zwiebel in eine Salatschüssel geben. Eingelegte Zitrone und die Petersilie hinzufügen.
3 In einer kleinen Schüssel aus Öl, Zitronensaft, Knoblauch und Kreuzkümmel ein Dressing anrühren. Mit Salz und Pfeffer kräftig abschmecken, über den Salat gießen. Vor dem Servieren den Salat gut durchmischen.

# GRAPEFRUIT-GRANATAPFEL-SALAT MIT ROSENWASSER

***Dieser Salat überzeugt Augen und Gaumen: herrlich erfrischend an einem heißen Tag und eine Wohltat nach einer feurig-scharfen Tajine oder passend zu einem herzhaften Couscous.***

2 pinkfarbene oder rote **Grapefruits**
1 weiße **Grapefruit**
2 reife **Granatäpfel**
2 EL **Rosenwasser**
**Meersalz** oder **Fleur de Sel**
3 Zweige **Minze,** Blätter fein gezupft

**FÜR 4 PORTIONEN**

1. Mit einem kleinen scharfen Messer Schale und weiße Haut der Grapefruits entfernen. Filets vorsichtig zwischen den Trennhäuten herausheben und den Saft dabei in einer Schüssel auffangen. Grapefruitfilets auf einem flachen Servierteller arrangieren und mit ihrem Saft beträufeln.
2. Granatäpfel vierteln, jedes Viertel nach hinten biegen, um die Kerne herauszukratzen – ebenfalls über einer Schüssel, um den Saft aufzufangen. Weiße Haut entfernen und Kerne sowie Saft über den Grapefruits verteilen.
3. Salat mit Rosenwasser beträufeln. Mit etwas Salz bestreuen und mit Minzeblättern garnieren. Gekühlt oder bei Zimmertemperatur servieren.

# TOMATENKONFITÜRE MIT ZIMT UND GERÖSTETEM SESAM

***Herzhafte Konfitüren wie diese sind zusammen mit Fladenbrot immer ein leckerer Snack. Sie passen genauso gut als Beilage zu Couscous und Grillgerichten. Die Konfitüre hält sich mehrere Wochen in einem fest verschließbaren, sterilisierten Glas (s. S. 4) an einem kühlen Ort.***

350 g **Kirschtomaten,** Stielansätze entfernt
2–3 EL **Olivenöl**
1–2 TL **Zucker**
1 EL **Tomatenmark**
2 EL **Honig**
2 TL **Zimtpulver**
1 EL **Sesamsamen**
**Meersalz** und schwarzer **Pfeffer**, frisch gemahlen

**FÜR 4 PORTIONEN**

1 Backofen auf 200 °C vorheizen.

2 Tomaten in eine feuerfeste Form geben, Olivenöl darüberverteilen, mit Zucker bestreuen und für 25–30 Min. im vorgeheizten Backofen garen, bis die Haut aufreißt und die Tomaten leicht gebräunt sind.

3 Tomaten aus der Form nehmen, Öl abtropfen lassen und die Tomaten auf einem Schneidebrett abkühlen lassen. Haut abziehen und Tomaten fein schneiden, bis sie musig sind.

4 Tomatenmus mit -mark und Röstöl in einen Topf geben und bei mittlerer Hitze zum Kochen bringen. Honig und Zimt einrühren, Hitze reduzieren und weitere 5–10 Min. dicklich einkochen.

5 In der Zwischenzeit Sesamsamen in einer Pfanne ohne Fett rösten, bis sie leicht gebräunt sind und angenehm duften.

6 Tomatenkonfitüre mit Salz und Pfeffer abschmecken, in eine Schüssel füllen und mit geröstetem Sesam bestreuen. Noch warm oder bei Zimmertemperatur servieren.

7 Die Konfitüre hält sich zwei bis drei Wochen in einem fest verschließbaren, sterilisierten Glas (Hinweis s. S. 4).

# ZITRONENMARMELADE MIT KORIANDER UND MINZE

***Diese frisch-pikante marokkanische Marmelade ist ein Genuss zu süßen und scharfen Tajines. Manchmal wird sie pur serviert, um zwischen zwei Gängen den Gaumen zu erfrischen. Sie können sie im Voraus zubereiten und dann mehrere Wochen in einem sterilisierten Schraubglas (s. S. 4) an einem kühlen Ort aufbewahren.***

4 unbehandelte **Bio-Zitronen**
1 EL frischer **Ingwer,** fein gehackt
2 TL **Koriandersamen**
1 TL getrocknete rote **Chilischote, fein** zerbröselt
75 ml **Cidre-** oder **Weißwein-essig**
3 EL **Kristallzucker**
1 EL **Koriander,** fein gehackt
1 EL **Minze,** fein gehackt
**Meersalz**

**FÜR 4 PORTIONEN**

1. Mit einem kleinen scharfen Messer die Schale von zwei Zitronen mitsamt der weißen Haut entfernen. Schale ohne weiße Haut sehr fein schneiden und in einen kleinen Topf geben.
2. Alle Zitronen auspressen und den Saft mit Ingwer, Koriander und Chili in den Topf zu den Schalen geben. Essig zugießen, Zucker hineingeben und bei mittlerer Hitze unter ständigem Rühren erhitzen, bis sich der Zucker aufgelöst hat.
3. Flüssigkeit aufkochen, Hitze reduzieren und die Mischung 15–20 Minuten köcheln lassen, bis die Flüssigkeit fast vollständig verdampft ist. Zwischendurch immer wieder umrühren, damit der Zucker nicht anbrennt.
4. Konfitüre mit einer Prise Salz würzen und im Topf abkühlen lassen. Koriander und Minze untermischen und die Konfitüre in eine kleine Schale füllen.
5. Die Konfitüre hält sich zwei bis drei Wochen in einem fest verschließbaren, sterilisierten Glas (Hinweis s. S. 4).

# EINGELEGTE BIRNEN MIT SAFRAN UND ZIMT

*In den fruchtbaren Regionen Marokkos, wo Früchte in großer Fülle geerntet werden, gehört das Einkochen von Früchten für Konfitüren, Relishes, Sirups und Kompotte sowie das Einlegen von Früchten zur traditionellen Tätigkeit in der Erntezeit. Eingelegte Früchte werden oft mit Brot und zerkrümeltem Käse genossen. Sie schmecken aber auch zu Gegrilltem und süßen Tajines.*

400 ml **Weißwein-** oder **Cidreessig**
⅛ l **Wasser**
175 g **Honig**
1 Prise **Safranfäden**
2 **Zimtstangen**
4 feste mittelgroße **Birnen** oder 8 feste kleine

**FÜR 1 GROSSES GLAS**

1 Essig mit Wasser in einen schweren Topf gießen. Honig, Safran und Zimt hinzufügen. Flüssigkeit unter ständigem Rühren aufkochen lassen, bis sich der Honig aufgelöst hat.
2 Birnen schälen. Mittelgroße Birnen längs halbieren, dabei den Stiel nicht abschneiden, aber das Kerngehäuse entfernen. Birnenhälften in die Flüssigkeit legen, kleine Früchte als Ganzes hineingeben. Hitze starke reduzieren, bis die Flüssigkeit nicht mehr kocht, und die Birnen 15–20 Min. darin pochieren, bis sie zart, aber noch bissfest sind.
3 Birnen mit einem Schaumlöffel herausheben und in ein sterilisiertes Glas (s. S. 4) geben. Mit der noch heißen Flüssigkeit übergießen und abkühlen lassen. Fest verschließen und zwei bis drei Wochen an einem kühlen Ort durchziehen lassen.

# DATTELRELISH

*Dieses süßsaure Relish wird häufig als Imbiss oder Vorspeise serviert. Dazu gesellen sich Fladenbrot und Dips oder zerkrümelter Käse. Es schmeckt auch als Beilage zu pikanten Tajines oder zu gedämpften und gebratenen Couscous-Gerichten.*

2 EL **Ghee** oder **Arganöl**; alternativ 1 EL **Olivenöl** mit 1 EL **Butter**
1 rote **Zwiebel,** geschält und fein gehackt
2 **Knoblauchzehen,** geschält und fein gehackt
1 TL **Kreuzkümmelsamen**
150 g getrocknete **Datteln** ohne Stein, fein gehackt
1 eingelegte (s. S. 141) oder frische rote **Chilischote,** fein gehackt (bei frischer Chili die Samen und Scheidewände entfernen)
2 EL **Weißweinessig**
2 TL **Muscovado** (unraffinierter dunkler Rohrohrzucker) oder feiner brauner **Zucker**
2 EL **Dattelsirup** (im arabischen Lebensmittelgeschäft oder in Bioläden)

1 kleines sterilisiertes **Glas** (s. S. 4)

**FÜR 1 KLEINES GLAS**

1 Ghee in einem schweren Topf erhitzen. Zwiebel, Knoblauch und Kreuzkümmelsamen darin kurz anrösten, bis die Zwiebel leicht Farbe bekommt.
2 Datteln und Chilis dazugeben, Essig, Zucker und Dattelsirup untermischen. Relish bei geringer Hitze 4–5 Min. köcheln, mit Salz würzen und im Topf abkühlen lassen.
3 In einem luftdicht verschließbaren, sterilisierten Gefäß (s. S. 4) hält es sich zwei bis drei Wochen.

# EINGELEGTE ROTE CHILISCHOTEN

*Eingelegtes Gemüse ist eine willkommene Erfrischung in der Tageshitze. Die eingelegten Chilis geben in Scheiben geschnitten Salaten oder Couscous eine feurige Note.*

400 ml **Weißwein-** oder **Cidreessig**
2 EL **Zucker**
2 TL **Meersalz**
2 TL **Koriandersamen**
8 rote **Chilischoten,** z. B. Serrano oder Guajillo
1 kleines sterilisiertes **Glas** (s. S. 4)

**FÜR 1 KLEINES GLAS**

1 Essig in einen Topf gießen, Zucker, Salz und Koriandersamen hinzufügen. Unter Rühren aufkochen lassen, bis sich der Zucker aufgelöst hat, dann die Herdplatte ausstellen.
2 Mit einem kleinen scharfen Messer die Chilischote nur an einer Seite längs vom Stiel bis zur Spitze aufschlitzen, dabei die Schote nicht durchschneiden. Chilis ins Glas legen und mit dem Essig übergießen, bis sie ganz von der Flüssigkeit bedeckt sind. Das Glas fest verschließen und mindestens zwei Wochen im Kühlschrank durchziehen lassen.

# EINGELEGTE PURPUR-PASTINAKEN

*Das hübsch gefärbte Gemüse ist in feinen Scheiben ein köstlicher Appetizer.*

8 kleine weiße **Pastinaken**
4 **Knoblauchzehen,** geschält
1 kleine **Rote Bete**
300 ml **Weißweinessig**
300 ml **Wasser,** aufgekocht
1 TL **Meersalz**
1 großes sterilisiertes **Weckglas** (s. S. 4) mit Gummidichtung

**FÜR 1 GROSSES GLAS**

1 Pastinaken putzen und schälen. Unter kaltem Wasser abspülen, trocken tupfen und mit Knoblauch in das sterilisierte Glas geben.
2 Rote Bete putzen und schälen, in zwei bis drei Scheiben schneiden und ebenfalls ins Glas geben. Essig mit Wasser und Salz verrühren, Flüssigkeit über Pastinaken und Rote Bete gießen. Glas mit Gummidichtring fest verschließen und für ein bis zwei Wochen ruhen lassen. Dann haben die Pastinaken die Farbe angenommen.

# REZEPTVERZEICHNIS

# DANKSAGUNG

Im Rückblick muss ich sagen, dass Fotografie und Design sicherlich das Faszinierendste an diesem Buch sind. Daher gilt mein Dank zuallererst Steve Painter, dessen Reise nach Marokko – auf der Suche nach Motiven und Requisiten – so überaus wertvoll und überwältigend war. Außerdem möchte ich Rebecca Woods für ihre Hilfe und ihre sorgfältige Textredaktion danken. Nicht zuletzt geht mein Dank an Julia Charles, die nun ein weiteres Buch mit mir gemacht hat.

# ÜBER DIE AUTORIN

Ghillie Başan hat schon an vielen Orten dieser Erde als Foodwriterin, Journalistin und Gastro-Kritikerin gearbeitet. Die am Cordon Bleu Institut ausgebildete Autorin hat bereits einige Bücher zur Küche des Mittleren Ostens und zu Südost-Asien herausgebracht. Ihre Reise- und Gastroartikel erscheinen in namhaften englischen Publikationen, darunter der Sunday Herald, Scotland on Sunday und das BBC Good Food Magazine. Sie lebt heute im schottischen Hochland, wo sie Kochkurse anbietet.
Bei Hädecke sind von ihr das erfolgreiche Buch „Tajines – echt marokkanisch & einfach köstlich" (ISBN 978-3-7750-0791-7) und „Meze – orientalische Genüsse" (ISBN 978-3-7750-0618-7) erschienen.